도대체
페미니즘이
뭐야?

10대를 위한 글로벌 사회탐구

도대체
페미니즘이
뭐야?

율리아네 프리세 지음 | 전은경 옮김 | 우다민 그림
해제 김미향

비룡소

추천의 글
페미니즘은 세상을 대하는 태도

조영선
영등포여자고등학교 교사

열렬히 지지하든 비판하든 요즘처럼 페미니즘이라는 단어가 일상적으로 쓰였던 시대도 드물 겁니다. 하지만 페미니즘이 무엇이냐고 물어본다면 그에 정확하게 답하는 사람은 매우 드물죠. 실제 페미니즘에 대해 논쟁할 때도 각자가 주장하는 페미니즘의 내용이 같지 않을 때도 많습니다. 확실한 것은 우리가 페미니즘을 논하지 않고 살 수 없는 시대를 맞이하게 되었다는 것입니다.

페미니즘은 개인이 가진 사상임과 동시에 세상을 대하는 태도입니다. 매우 추상적으로 보이지만, 하루하루를 살아가는 순간순간에 영향을 주죠. 예를 들어, "여자애가 머리가 떡져 가지고, 좀 가꿔라, 가꿔."라는 엄마의 말을 들을 때, 게임을 했을 뿐인데 여자라고 이유 없이 쌍욕을 들을 때, 어떻게 반응할까요? 페미니즘이 여성하고만 관계된 것은 아닙니다. 남성들이 "능력(=돈) 없는 남자는 결혼을 못 하는 게 당연해."라는 말을 들을 때, 여자 친구에게 언제 스킨십을 할 수 있을지 고민될 때, 떠올려야 할 단어 역시 페미니즘입니다.

이 책은 우리들이 제대로 알고 이야기할 수 있도록 페미니즘에 대한 모든 것을 담고 있습니다. 페미니즘의 정의와 역사뿐 아니라, 섹스와 젠더의 개념, 대상화, 몸과 관계, 모성 등 페미니스트가 알아야 할 아주 기본적인 개념을 가지고, 일상생활에서 어떻게 생각하고 실천해야 할지 구체적으로 알려 줍니다. 또, 뜨거운 논쟁 가운데 간과되고 있는 페미니즘에 대한 오해와 진실, 선입견에 대항하는 방법까지 제시하여 페미니즘을 비판하는 사람이든 지지하는 사람이든 자신의 주장이 진정 무엇을 향한 것인지 확인할 수 있을 것입니다. 페미니스트가 되고는 싶지만 뭔가 거창하게 느껴져 주저하는 사람들에게 작은 발걸음을 뗄 수 있는 용기와 지혜를 선사할 수도 있습니다. 꼭 페미니스트가 아니더라도 섹스와 젠더를 모두 포괄한 모든 정체성의 분들께 자신을 이해하는 방식으로서의 페미니즘을 만날 수 있는 창이 될 것입니다.

차례

들어가는 말
페미니즘? 요즘도 그게 필요한가요?

페미니즘은 내 뼛속에 새겨져 있다. 사람들이 여성을 어떤 특정한 방식으로 대하는 걸 듣거나 볼 때면 나는 전혀 관대할 수 없다.

질리언 앤더슨, 「엑스 파일」의 스컬리 역 배우

지난 몇 년 동안, 아주 많은 사람이 여성의 권리 향상을 위해 거리로 나섰습니다. 2017년 1월 21일, 미국에서는 약 400만 명이 '여성 행진Women's Marches'에 참가했어요. 2017년 3월 8일 세계 여성의 날에 아르헨티나에서는 20만 여 명의 여성들이 시위를 벌였고요. 2018년 에스파냐에서는 여성 총파업에 530만 여 명이나 참가했지요.

여러분은 어쩌면 놀랄지도 모르겠어요. 여성이 권리를 누리는 데 별 제한을 받지 않는다고 생각해 왔다면요. 약간 제한을 받긴 해도 최소한 자신은 괜찮다고 생각했을 수도 있죠! 여성들도 자기가 원하는 건 뭐든지 될 수 있지 않냐고요? 대다수 민주주의 국가는 헌법에 성별을 이유로 차별할 수 없다고 쓰여 있다고요?

모든 사람이 성별에 관계없이 차별받지 않는다는 말은 맞습니다. 다행이죠. 하지만 여성들이 선거를 하고, 남편의 허락 없이 은행 계좌를 열 수 있다고 해서 완전한 성평등이 이루어진 것은 아니에요. 전 세계에서 여성 대통령은 거의 찾아볼 수 없고 여성 유엔사무총장은 여태껏 한 명도 없죠. 게다가 법률은 대부분 남성들이 만듭니다. 이런 상황에서는 여성들의 요구에 부응하는 법률을 만들기가 쉽지 않죠.

여성들은 일상생활에서도 많은 어려움을 겪습니다. 여자아이들이 수학과 자연과학에 재능이 없다는 진부한 편견은 쉽게 사라지지 않아요. 일과 임금이 아주 부당하게 분배되기도 합니다. 집에서 요리하고, 청소하고, 아기를 돌보고, 아픈 할아버지와 할머니를 돌보는 사람은 누구인가요? 이 모든 일은 무보수이며, 오늘날에도 대부분 여성들이 담당하고 있지요. 또한 여성은 직장에서 남성 동료보다 돈을 적게 받습니다. 그런데도 여성용 면도기나 화장품, 향수 같은 물품은 남성용에 비해 비싸지요. 참이상하지 않나요?

아마 여성들이 외모 꾸미기에 돈을 지불할 의향이 더 크기 때문인지도 모릅니다. 아름다워야 한다는 부담감은 여성이 특히 더 크게 느끼지요. 다른 문제가 또 있어요. 이른바 이상적이라고 하는 여성의 몸매는 비현실적으로 가늡니다. 정상 체중이거나 저체중인데도 뚱뚱하다고 생각하는 여성 청소년들이 많지요.

여성의 몸매는 언제나 평가의 대상이 됩니다. 주로 스캔들을 보도하는 잡지의 표지에는 전형적인 사진이 실려요. 어떤 여성 유명 인사가 얼마나 뚱뚱한지 또는 말랐는지가 한눈에 보이죠. '걱정 때문에 폭식하다!' '충격적으로 마름!' 같은 문구를 달고 있고요. 여성들이 자신의 모습 그대로 받아들여지는 경우는 잘 없습니다.

얼마 전까지만 해도 많은 사람이 페미니즘을 진부하다고, 젊은 여성에게는 필요하지 않다고 여겼습니다. 하지만 이제는 오히려 반대죠. 동등한 권리를 주장하는 일은 멋지다고 간주돼요. 비욘세 같은 팝 스타들이 스스로를 페미니스트라고 부르지요. 그런데 멋지다는 것만으로는 동등한 권리를 가질 수 없어요. 예를 들어 패스트 패션 브랜드 에이치엔엠H&M의 상품 중에는 '페미니스트'라고 쓰인 티셔츠가 있습니다. 이걸 입고 자신의 페미니즘 성향을 남들에게 내보일 수는 있지요. 그러나 이 티셔츠를 입는 것만으로는 방글라데시와 같은 나라에서 에이치엔엠 옷을 만드는 여성 노동자들이 처한 끔찍한 환경을 전혀 바꿀 수 없어요.

이 책은 우리가 성평등 사회를 이루려면 무엇이 달라져야 하는지, 여러분이 이를 위해 무엇을 할 수 있는지 이야기합니다. 또한 페미니즘 운동이 지금까지 어떤 부당함에 맞서서 성공적으로 투쟁했는지도 알려 줄 거예요. 그리고 페미니즘과 자주 함께 등장하는 '젠더[gender]'나 '성차별', '가부장제'와 같은 개념 뒤에 무엇이 숨어 있는지도 알아봅니다.

아 참, 하나 더! 이 책에서는 '여성'과 '남성'에 대한 이야기를 자주 합니다. 이런 구분은 이 범주에 포함되기를 원하지 않거나 포함될 수 없는 사람들이 많으므로 비판을 받아요.(49쪽 참조) 그런데 우리 사회는 인간을 남성과 여성으로 나누고 그에 따라 달리 대하므로, 부당함을 지적하기 위해서는 양성을 기준으로 이야기하는 게 가장 간단할 때가 많지요.

1부
페미니즘의
개념과 역사

페미니즘이란 무엇일까?

◆

페미니즘이란 여성도 사람이라는 급진적인 견해다.

마리 시어, 미국 작가

'페미니즘'이라는 단어를 보고 우리는 각자 아주 다른 것을 생각합니다. '미투Me too' 운동('나도 고발한다', 자신의 성폭력 피해를 공개적으로 밝히는 것), 세계 여성의 날, 여성과 남성의 임금격차에 반대하는 투쟁, 영화 「해리 포터」의 주인공 엠마 왓슨, 기업 채용에서의 여성 할당제 등 제각기 떠올리는 게 달라요. 이 모든 것들은 페미니즘과 관련이 있습니다. 페미니즘은 다양하므로 여기에 보충할 점도 아주 많죠! 너무나 다양해서 '페미니즘들'이라고 말하는 게 옳다고 주장하는 사람도 많아요.

　페미니즘의 이 모든 흐름은 여성과 남성의 동등한 권리, 더 정확하게 말하자면 성별의 동등한 권리를 목표로 합니다. 다시 말해서 페미니즘은 사회를 바꾸려는 정치적 운동이에요. 그런데 이 동등한 권리가 구체적으로 무엇인지, 또 우리가 동등한 권리가 보장되는 사회라는 목표를 어떻게 이룰지에 대한 견해는 페미니스트들에 따라 아주 다양하고, 가끔 서로 반대되기도 합니다. 예를 들어 볼까요? 국가와 기업이 여성을 더 많이 승진시켜야 한다고 주장하는 사람이 많아요. 그런데 또 어떤 사람은 여성할당제가 중산층과 상류층 여성의 상황만을 개선한다며 더 급진적인 요구를 하기도 해요. 이들은 진정한 평등이 자본주의가

'페미니즘'이라는 말의 탄생

페미니즘이라는 용어는 프랑스어에서 왔습니다. 프랑스어로 여성인 '팜femme'에서 나온 '페미니스메Féminisme(여성해방)'라는 용어가 1890년경부터 자주 사용됐어요. 이 용어는 영어로 '페미니즘Feminism'이 되었지요. '-즘'이라는 어미는 정치적인 견해나 사상, 사회운동인 '-주의'를 나타낼 때가 많습니다. 예를 들어 리버럴리즘(자유주의)이나 소셜리즘(사회주의), 아나키즘(무정부주의), 페미니즘(여성주의)처럼요.

사라져야만 가능하다고 믿지요.

페미니즘은 여성이 남성과 동등한 권리를 얻기 위해 '성 인지 감수성 안경'을 쓰고 사회를 바라봐야 한다는 확신입니다. 성별은 우리가 인간으로서 어떻게 살고 어떻게 행동하는지, 누가 권력을 소유했는지 아닌지 등 여러 가지 면에 영향을 끼치기 때문이죠.

가부장제 폐지를 위해!

페미니즘은 '가부장제'라는 용어와 함께 쓰일 때가 많습니다. '가부장제'는 페미니즘 포스터나 스티커에 흔히 등장해요. 예를 들면 "가부장제를 박살내자.", 또는 "가부장제가 유지되는 한, 나는 페미니스트다."가 있지요. 가부장제라는 말 뒤에는 무엇이 숨어 있을까요? 문자 그대로 해석하면 **가부장제**란 '아버지들의 통치'를 의미합니다. 이 용어는 남성들이 여성보다 더 많은 권력을 가진 사회형태, 남성적인 것이 여성적인 것에 비해 우세한 체제를 묘사하지요. 가부장제는 여성과 남성에 자연적인 차이가 있

이탈리아 토리노의 어느 벽에 찍힌 문구. '싸우자 가부장제'

고, 그러기에 사회에서 맡는 역할이 다르다며 성별에 따른 역할
나누기를 정당화합니다.(49쪽 참조)

　페미니즘은 가부장제를 폐지하기 위해 싸웁니다. 여성과 남
성이 법적으로 동등한 현대사회에서도 가부장적인 구조가 있기
때문이지요. 권력의 중심은 여전히 기울어져 있어요. 남성이 훨
씬 더 많은 권력을 소유합니다. 예를 들어 볼게요. 정치와 경제
분야에서 중요한 직책은 남성들이 많이 차지하고 있습니다. 미
국 경제지《포천》에 따르면 2019년 세계 500대 기업 중에 여성
이 우두머리인 기업은 33곳뿐이지요. 남성은 여성보다 재산도

많습니다. 국제구호개발기구 옥스팜의 보고서에 따르면, 전 세계 여성이 가진 재산은 남성의 절반 수준이고 여성의 임금은 남성보다 23퍼센트 낮아요.

페미니즘 운동을 하는 사람들 가운데에는 가부장제라는 개념이 적당하지 않다고 비판하는 사람도 있습니다. 너무 모호하고, 여성이 권력에서 완전히 제외되지는 않는 현대사회에 더는 맞지 않는 개념이라는 것이죠. 그래서 이들은 '남성이 우세한 사회' 또는 '패권을 쥔 남성성'이라는 말을 선호하지만, 의미는 똑같아요. 성별 사이에 권력의 기울기가 존재한다는 뜻이죠.

어디에나 있는 성차별

성차별은 여성과 남성의 기울어진 권력관계를 단단하게 하는 도구입니다. 다시 말해서 페미니즘이 비판하는, 남녀의 불평등한 사회적 지위를 유지하는 도구가 되는 개념이에요. 성차별이라는 개념을 설명하는 데는 서로 다른 두 가지 정의가 있습니다.

한 가지는 '생물학적 성을 이유로 어떤 사람이 겪는 불이익이나 차별'(49쪽 참조)입니다. 여성도 남성에게 성차별적으로 행동할 수 있다는 뜻이에요. 그러나 이 정의는 일반적으로 여성을 향한 차별을 의미합니다. 여성들이 대개 더 심하게 차별받는 쪽이니까요.

다른 한 가지는 '성에 따른 차별과 불평등한 권력의 공동 작용'입니다. 이 견해에 따르면, 우리 사회에서 남성은 여성에 비해 더 많은 권력을 소유하므로 남성에 대한 성차별은 성립할 수 없지요.

성차별은 학교나 직장이나 광고 등등 일상 어디에나 존재하고 다양한 방식으로 드러납니다. 예를 들어 어떤 사장이 회사에서 여성은 추진력이 부족하다고 여기거나 얼마 지나지 않아 임신할 거라고 짐작하고 항상 남자만 승진시킨다면, 성차별적으로 행동하는 것이지요.

성차별은 여성을 과소평가하거나 외모로만 한정 짓는 언어로 표현될 때가 많습니다.

'여자아이들은 물리학을 전혀 몰라.'

'조심해, 여자가 운전대를 잡았어.'

'발표는 네가 해. 그래야 청중에게 볼거리가 생기니까.'

모두 성차별이 흘러넘치는 말이죠. 물리학에 재능이 있는 여자아이도, 아주 좁은 틈새에 자동차를 노련하게 주차하는 여성도 당연히 있습니다. 이성애자인 남성 청중에게 볼거리를 제공해야 하니 여성이 발표하라는 말에는 '네가 능력이 있든 없든 상관없어. 예쁘다는 사실만 중요하지.'라는 무의식적인 견해가 담겨 있지요.

'여자는 부엌에 있어야지.'와 같은 공공연한 성차별 언어는 요즘 드물어지기는 했습니다. 하지만 성차별이 상스럽게 드러나지 않는다고 해서 사라진 것은 아니에요. '여성들은 출세를 원하지 않는다.'라는 말은 현대판 성차별의 한 예입니다. 여성들은 요즘 직업 활동에서 차별받지 않으며, 남성들이 임원진을 독차지하는 원인이 여성들 스스로에게 있다는 가정이 숨어 있지요.

성차별은 여러 가지 얼굴로 나타납니다. 그중 하나는 '신사적 행동'으로 위장하는데, 학자들은 이를 '호의적 성차별'이라고 불러요. 예를 들어 여성이 부탁하지도 않았는데 어떤 남성이 컴퓨터에 프로그램을 설치해 주면서 '너는 여자니까 이런 일로 골치 썩을 필요 없어.'라고 한다면, 이는 성차별입니다. '아, 여자들은 기술에 대해 전혀 몰라!'라는 뜻이니까요. 호의적 성차별을 일삼

도대체 페미니즘이 뭐야?

는 사람들은 여성이 아이들을 아주 잘 돌보고 공감 능력이 뛰어나다고 치켜세웁니다. 그러면서 여성은 본질적으로 약한 존재이므로 보호받아야 한다고 강조하죠. 여성을 전형적이고 힘없는 역할에 고정시키는 거예요. 호의적 성차별은 알아채기 쉽지 않아요. 실제로 호의에서 도와주겠다는 제안을 하기도 하니까요.

성차별이 농담의 얼굴을 하고 있는 경우도 많습니다. 예를 들면 이런 식이죠.

'외딴섬에 반드시 가져가야 할 게 뭐지?'

'밥해 줄 여자!'

여기저기서 진부한 성차별을 더 강화하는 거짓 웃음이 터지네요. 이런 성차별적인 말을 하는 사람이 나중에 부인하는 일도 흔해요. 별 뜻 없고 그냥 재미로 말했다고 하죠. 성차별적 농담은 무척 비열합니다. 이런 농담에 반발하기란 쉽지 않아요. 농담을 이해하지 못한다는 말을 좋아할 사람은 아무도 없으니까요. 그래서 전혀 재미가 없는데도 따라서 웃는 사람도 많습니다.

호의적 성차별

얼핏 친절한 행동 같지만, 여성을 나약하고
수동적인 존재로 옭아맨다!

너무나도 다양한 페미니즘

페미니즘은 원칙과 규정이 딱 정해진 사상이 아닙니다. 분파가 다양하죠. 넷 페미니즘, 퀴어 페미니즘, 마르크스주의 페미니즘, 성 긍정 페미니즘, 에코 페미니즘, 팝 페미니즘, 교차성 페미니즘……. 이 목록은 한참이나 이어질 수 있어요.

페미니즘의 변종들은 서로 무척 비슷하지만 큰 차이를 보일 때도 있고, 서로 반대되는 주장을 하는 경우도 있습니다. 페미니즘은 이렇듯 매우 다양하고 또 새로운 방향이 계속 생겨나므로, 여기서는 주류 페미니즘 두 가지만 소개하려고 합니다. 이 두 분파 아래에 다른 모든 페미니즘이 속하는 건 아니지만, 많은 분파들이 여기에 편입될 수 있어요. 바로 성평등적 페미니즘과 성적 차이 페미니즘입니다. 성평등적 페미니즘과 성적 차이 페미니즘은 동등한 권리를 위한 공동 투쟁에서 '성에는 어떤 차이점이 있는가?'라는 중요한 질문에 의견이 나뉩니다.

성평등적 페미니즘은 여성과 남성의 근본적인 평등을 강조하고 '여성적 천성'이라는 견해를 부정합니다. 생물학적 차이는 아무 역할도 하지 않거나 부차적인 역할에 불과하다고 여기지요.

그러면서 여성과 남성의 차이는 사회화 때문이라고 주장합니다. 사회가 여성과 남성을 처음부터 다르게 대하고, 성별에 따라 다른 역할을 부여한다는 거예요. 아주 어릴 때부터 여자아이에게는 분홍색 옷을, 남자아이에게는 파란색 옷을 입히면서 둘을 다르게 취급하기 시작해요. 그런 후에는 소방대원이나 비행기 조종사 남성, 유모차를 밀거나 요리하는 여성의 모습이 담긴 어린이 책이 따라옵니다. 양육과 대중매체와 학교교육과 다른 사람

시몬 드 보부아르(1908~1986년)

프랑스 철학자이자 작가인 시몬 드 보부아르는 1949년에 『제2의 성』을 출간합니다. 이 책은 페미니즘 작품에서 가장 중요한 저작이며, 나중에 2차 페미니즘 물결의 경전이 돼요. 『제2의 성』에서 특히 "여성은 태어나는 게 아니라 만들어진다."라는 문장은 오늘날까지도 유명합니다. 여성이라는 존재가 생물학적이 아니라 사회적이라는 보부아르의 중심 사상을 잘 표현한 말이죠. 보부아르는 반려자인 철학자 장 폴 사르트르와 수십 년 동안 세상에서 가장 유명한 지식인 한 쌍이었습니다. 사르트르가 사망하는 1980년까지 두 사람은 계약 결혼 상태를 유지했어요. 일부일처제에 매이지 않고 자유롭고 평등한 관계를 추구했지요.

들의 기대, 성평등적 페미니즘은 이 모든 것이 우리를 전형적인 남성과 여성으로 만든다고 믿습니다. 그러므로 우리는 이 차이를 극복할 수 있다는 것이죠.

이에 비해 성적 차이 페미니즘은 여성과 남성이 근본적으로 다르다고 간주합니다. 여성과 남성의 가치는 동등하므로 문제는 성별의 차이가 아니라는 겁니다. 그러면서 우리가 여성의 특성과 요구를 배려하지 않고 여성적인 것을 경시하고 남성적인 것이 우세한 사회에 살고 있는 게 문제라고 합니다. 성적 차이 페미니즘 관점에서는 기존의 사회규범과 남성적인 규정의 배경을 캐묻고 동등한 권리를 쟁취하기 위해 나아가려는 노력이 중요하죠. 예를 들어 이런 질문을 던집니다.

'전형적으로 여성 직업인 보육교사는 왜 전형적인 남성 직업보다 보수가 낮을까요? 이 직업의 가치를 높이는 게 여성더러 기술 분야의 직업을 얻으라고 하는 것보다 낫지 않을까요?'

이렇듯 페미니즘의 여러 분파가 동등한 권리라는 같은 목표로 연결되어 있기는 하지만, 늘 똑같은 주장을 하는 것은 아닙니다.

성평등적 페미니즘

여성과 남성은 근본적으로 평등해!

성적 차이 페미니즘

여성과 남성은 근본적으로 다르지만 평등해!

여성운동에 관한 아주 짧은 역사

◆

어떤 여성이든 자유롭지 못하다면, 그 여성에게 채워진 족쇄가
나의 족쇄와 아주 다르다고 해도 나는 자유롭지 못하다.

오드리 로드, 미국의 작가이자 활동가

오늘날에는 여성들이 선거를 하고, 대학에서 공부하고, 경력을 쌓는 일이 아마 당연해 보일 것입니다. 하지만 이런 권리를 얻어 내려고 용감한 여성들이 몇 세대에 걸쳐 투쟁해야 했지요. 페미니스트들은 지난 250여 년 동안 많은 발전을 이루었습니다. 이따금 남성들의 지원을 받기도 했지만, 그보다는 거부와 몰이해에 부딪히는 일이 더 잦았어요.

용감한 여성들과 이들이 참가했던 몇 가지 투쟁을 여기에 간

단하게 소개하고자 합니다.

물결에서 물결로

오늘날 유럽과 미국 페미니즘의 역사는 대부분 물결로 묘사됩니다. 4차로 구분되는 물결이에요. 물결마다 각 시기의 대표적인 논쟁과 사상이 담겨 있습니다. 물론 물결과 물결 사이에도 페미니즘적인 사회참여가 있었고, 또 하나의 물결 내에서도 모두 똑같은 생각을 한 것은 아니지요.

1차 물결

대략 1789년 프랑스혁명부터 1918년 제1차 세계대전 종료까지 페미니즘 운동은 무엇보다도 법적 평등을 위해 투쟁했습니다. 그중에서도 특히 선거권과 피선거권, 보수를 받는 일을 할 권리 및 동등한 교육 기회를 가지기 위해 싸웠어요.

1791년: 올랭프 드 구주, 최초의 보편적 인권 선언

"모든 인간은 평등하다."

18세기에 유럽에 널리 퍼진 이 계몽주의 사상은 프랑스혁명의 특징이기도 했습니다. 1789년에 프랑스 국민의회는 '인간과 시민의 권리 선언(인권선언)'을 발표했어요. 그러나 여성의 인권은 이 선언 그 어디에도 없었지요. '자유, 평등, 형제애'라는 프랑스혁명의 표어 자체가 이미 인권이 형제에게만 해당됨을 보여 줬습니다. 자매는 제외됐지요.

올랭프 드 구주의 초상화.

DÉCLARATION DES DROITS DE LA FEMME ET DE LA CITOYENNE,

A décréter par l'Assemblée nationale dans ses dernières séances ou dans celle de la prochaine législature.

PRÉAMBULE.

Les mères, les filles, les soeurs, représentantes de la nation, demandent d'être constituées en assemblée nationale. Considérant que l'ignorance, l'oubli ou le mépris des droits de la femme, sont les seules causes des malheurs publics et de la corruption des gouvernemens, ont résolu d'exposer dans une déclaration solennelle, les droits naturels, inaliénables et sacrés de la femme, afin que cette déclaration, constamment présente à tous les membres du corps social, leur rappelle sans cesse leurs droits et leurs devoirs, afin que les actes du pouvoir des femmes, et ceux du pouvoir des hommes pouvant être à chaque instant comparés avec le but de toute institution politique, en soient plus respectés, afin que les réclamations des citoyennes, fondées désormais sur des principes simples et incontestables, tournent toujours au maintien de la constitution, des bonnes moeurs, et au bonheur de tous. En conséquence, le sexe supérieur en beauté comme en courage, dans les souffrances maternelles, reconnaît et déclare, en présence

올랭프 드 구주가 쓴 「여성과 여성 시민의 권리 선언」 첫 장이다.

그러자 예술가이자 사회운동가였던 올랭프 드 구주는 국민의회 선언에 반대하여 여성도 포함하는 선언을 발표했습니다. 1791년에 올랭프 드 구주가 발표한 '여성과 여성 시민의 권리 선언'은 사실상 최초의 보편적 인권 선언이었어요.

"여성은 단두대에 오를 권리가

있다. 그렇다면 연단에 오를 권리도 있어야 한다."

드 구주는 이렇게 썼습니다. 연단에 올라 성별의 동등한 권리를 주장했던 드 구주는 1793년에 단두대에서 처형되었어요.

1849년: 분리된 여성운동

페미니스트들이 언제나 같은 의견이었던 것은 아니에요. 독일의 사례로 살펴볼까요?

1865년 10월, 중산층 여성들이 '독일여성총연합ADF'을 창설했습니다. 1대 회장은 1849년에 《여성신문》을 발간한 작가이자 언론인인 루이제 오토-페터스가 맡았어요. 그는 기사에서 여성들의 상황만 다룬 게 아니었습니다. 사회문제에도 몰두했고, 노동자 가족이 처한 문제도 다루었지요. 지배 세력에 대한 비판은 안 좋은 상황을 불러왔어요. 여성들이 정치적인 신문을 발간하지 못하는 법률이 만들어졌거든요.

오토-페터스는 다른 중산층 여성들과 달랐습니다. 독일여성총연합과 중산층 여성운동 대부분은 무엇보다도 교육받을 기회와 일할 권리, 자유로운 직업 선택을 위해 싸웠어요. 중산층 여성들은 점점 더 보수를 받는 일을 하길 원했지만, 그들에게 열려 있는 일은 얼마 없었어요. 예를 들면 상급 학교나 대학교에 입학할 수 없었기 때문에 의사나 변호사, 교수가 될 수 없었지요. 공장 노동은 중산층 여성들이 기꺼이 할 만한 일이 아니었습니다.

부분적으로 노동계급 여성은 중산층 여성과 비슷한 문제를 겪었어요. 산업화 과정에서 점점 더 많은 여성이 공장 노동자가 되자, 울화통을 터뜨리는 동료 남성 노동자가 늘면서 문제가 생겼거든요. 남성 노동자와 노동조합은 여성을 '부정 경쟁자'라고 욕하며, 여성의 공장 노동을 금지하거나 제한해야 한다고 요구했어요. 여성은 값싼 노동력을 제공하므로 더 많은 보수를 받는 남성을 일터에서 몰아낸다고 주장하면서요. 그러나 일할 권리와 동일한 보수를 요구하는 노동계급 여성과 중산층 여성의 동일한 관심은 남성들의 저항에 대항하며 함께 투쟁하는 결과로 이어지지는 못했습니다. 차이가 너무 컸기 때문이에요. 노동계급 여성들은 혁명적인 견해를 보였고, 억압받는 여성을 위해서만이 아니라 자본주의에 대항하여 투쟁했어요. 이에 비해 중산층 여성운동 추종자들은 자본주의 체제 안에서의 개혁을 원했고요. 계급투쟁에는 관심이 없었던 거죠.

소저너 트루스(1797~1883년)

아프리카계 미국인 소저너 트루스는 미국 뉴욕주에서 노예로 태어났습니다. 원래 이름은 이사벨라예요. 노예 신분에서 도망쳐서 하녀로 일하다가, 나중에는 순회 설교자가 되어 스스로 새 이름을 붙였지요. 자유인이 된 소저너 트루스는 노예제도 폐지와 여성들의 선거권 쟁취를 위한 활동을 펼쳤습니다. 나중에는 「그래서 나는 여성이 아닌가요?」라는 제목이 붙은 연설로 새 역사를 썼어요. 그는 "그래서 나는 여성이 아닌가요?"라고 질문하면서, 백인 여성 인권론자들에게 흑인 여성의 권리를 위해서도 투쟁하라고 촉구했지요.

1913년: 말 대신 행동! 여성 참정권 운동가들의 투쟁

영국 페미니스트들은 선거권을 얻기 위해 수십 년 동안 투쟁했습니다. 이 활동가들은 영어 단어 '참정권^suffrage'에서 따와 스스로를 '여성 참정권 운동가(서프러제트^Suffragette)'라고 불렀지요.

1840년대, 이들의 시위는 평화롭게 전단지를 나눠 주며 시작했습니다. 시위하고, 기사를 쓰고, 국회의원들에게 편지를 썼지요. 그러나 이런 활동이 아무런 효과도 거두지 못하자 과격한 활동가들은 전투적인 시위에 힘을 쏟게 되었습니다. 여성 참정권 운동가들은 진열창 유리를 깨고 전화선을 잘랐으며 철도 선로에 몸을 묶었고 폭탄 테러를 하고 정치가를 공격하기도 했어요. 어떤 여성 참정권 운동가는 개를 길들이는 회초리로 나중에 총리가 된 윈스턴 처칠을 공격했지요. 그 결과, 많은 여성 참정권 운동가들이 교도소에 갇혔습니다. 이들은 감옥에서도 시위를 지속하며 음식과 물을 거부하는 단식투쟁을 했어요.

이렇게 교도소에 갇혀 단식투쟁을 했던 운동가 중 에밀리 데이비슨이 있어요. 불을 질렀다는 죄목으로 감옥에 갇혔지요. 훗날 1913년에 그는 영국 서리주 엡섬의 경마장에서 참정권 시위

1913년 6월 13일, 에밀리 데이비슨 장례식이 있는 동안 '싸워라, 그러면 이길 것이다.'라는 깃발을 들고 줄지어 행진하는 여성운동가들.

를 하다가 사망했습니다. "여성에게 참정권을!"이라고 외치며 경주로에 뛰어들었는데 달려오는 국왕 조지 5세의 말에 짓밟혔지요. 이때 입은 중상으로 며칠 후에 숨지고 만 거예요. 이게 사고였는지, 아니면 에밀리 데이비슨이 죽음을 선택했는지는 분명하지 않아요. 묘비에는 '말 대신 행동'이라는 문구가 새겨졌지요.

제1차 세계대전이 발발하자 여성 참정권 운동가 조직인 '여성사회정치연합^WSPU'은 영국 정부 편에 섰고, 여성 참정권을 위한 모든 활동을 멈췄습니다. 이 방향 전환에 모든 활동가가 동의한 것은 아니에요. 어쨌든 이들이 영국의 전쟁 정책을 지지하면서 분위기가 바뀌었습니다. 전쟁이 끝날 무렵인 1918년 2월, 영국 의회는 여성의 참정권을 의결했어요. 그러나 이 참정권은 일단 30세 이상의 재산이 많은 유산계급 여성들에게만 해당되었습니다.

2차 물결

2차 물결이 있었던 1960년대부터 1980년대까지 페미니스트들은 자기 삶과 몸, 성생활에 대한 자기결정권을 요구했습니다. 이 시기의 중심 주제 가운데 하나는 처벌받지 않고 낙태할 권리였어요.

1968년: 토마토 투척

"개인적인 것이 정치적이다."

이는 1960년대 말에 독일에서 일어난 새로운 여성운동에서 중심이 되는 인식이었습니다. 당시에 독일 여성은 서류상으로는 이미 남성과 거의 동등한 위치에 도달한 상태였어요. "남성과 여성은 동등한 권리를 지닌다."라는 조항은 큰 저항을 뚫고 1949년에 독일 헌법에 명시되긴 했지만, 남성 정치가들은 그 후에도 정파를 막론하고 여성에게 적대적인 법률을 헌법에 맞게 개정하는 데 관심이 없었습니다. 여성의 일상은 남성과 동등한 권리를 지녔다고 표현할 수 없는 상황이었지요. 좌파 학생 연합인 '사회주의독일학생연합SDS'에서 활동하던 여성들 역시 이런 경험을 했습니다. 남성들이 세계 혁명에 대해 토론할 때, 여성들은 아이를 돌보고 살림을 하느라 토론에 참석할 수 없었거든요. 정치적인 일에도 동등하게 참여하지 못했고요. 남성들이 위대한 연설을 하는 동안, 여성들은 커피를 끓이고 전단지에 넣을 글을 타자기로 쳤습니다.

1968년 9월, 영화감독 헬케 잔더가 사회주의독일학생연합 회의에서 연설했을 때, 남성 회원들이 여성에게 특화된 주제에는 얼마나 관심이 없는지가 명백하게 드러났습니다. 이 주제로 토론하지도 않고 다음 순서로 바로 넘어간 거예요. 그러자 청중석에 있던 지그리트 뤼거가 연단에 서 있던 대표에게 토마토를 던졌어요. 그날 당장 여성들은 사회주의독일학생연합 내에 '여성의회'를 만들었는데, 성별 문제에 대해 토론하는 이곳에 남성은

불탄 브래지어 신화

"페미니스트들이 가부장제에 대한 분노를 표현하려고 브래지어를 태우다." 1968년, 미스 아메리카 선발 대회에 반대하여 이러한 극적인 시위가 미국에서 일어났다는 글이 널리 퍼졌습니다. 하지만 그때 불탄 브래지어는 없었어요. 미인 선발 대회는 여성을 성적 대상으로 격하한다고 생각했으므로 페미니스트 400여 명이 애틀랜틱시티에서 시위를 했어요. 이들은 브래지어와 화장품, 헤어 롤과 하이힐, 《플레이보이》잡지와 그 외 여성을 억압하는 도구라고 간주한 물품들을 양철통에 던져 넣었습니다. 그러나 이른바 '자유의 쓰레기통'이라는 이 양철통도, 단 하나의 브래지어도 불에 타지 않았어요. 시위에 참가한 여성들이 양 한 마리를 '미스 아메리카'로 선발했을 뿐이지요.

도대체 페미니즘이 뭐야?

들어올 수 없었습니다. 그때부터 '여성만을 위한 공간'이라는 원칙은 페미니즘 운동의 특징이 되었어요. 여성들이 개인적인 경험을 나누고 이를 정치에 반영하는 여성 카페, 여성 서점, 여성 그룹이 생겨났고요.

3차 물결

3차 물결이 있던 1990년대부터 2000년대까지 페미니즘 운동의 특징은 무엇보다도 다양성에 대한 인식입니다. 피부색, 인종, 국적, 문화 배경 등의 여러 측면에서 영역을 확대했지요. 이 시기에는 영화와 드라마와 컴퓨터게임에서 드러나는 비현실적인 미의 기준과 성별에 따른 진부한 전형성을 비판했지요.

1985년: 게릴라걸스, 백인 남성들의 지배에 저항하는 고릴라들
"여성이 메트로폴리탄 미술관에 들어가려면 발가벗어야 하나?"
젊은 여성 예술가 그룹이 어떤 포스터에서 던진 질문입니다.

이 포스터는 지금까지도 유명해요. 스스로를 '게릴라걸스'라고 불렀던 여성들은 뉴욕에 있는 이 미술관의 예술 작품을 모두 세었습니다. 결과는 거의 모든 현대 예술 전시품이 남성들의 작품이었고, 여성 작품은 5퍼센트 미만이었죠. 거기다 누드 작품의 85퍼센트는 여성을 묘사한 것이었어요.

게릴라걸스는 30년 넘게 행위 예술과 포스터, 스티커와 전단지를 통해 부유한 백인 남성들이 예술 분야를 지배하는 상황에 저항했습니다. 이 그룹이 결성된 계기는 1985년에 열린 뉴욕 현대미술관 전시였어요. 당시 전 세계의 예술 동향을 보여 주는 작품을 뽑아 전시하는 자리였죠. 그런데 여기 뽑힌 169명의 예술가들 가운데 여성은 13명뿐이었어요. 게다가 이들은 모두 백인이었고, 미국이나 유럽 출신이었죠.

게릴라걸스는 처음부터 익명으로 등장했습니다. 활동가들은 고릴라 가면으로 얼굴을 가렸는데, 이 가면은 이들의 상징이 되었지요. 또 프리다 칼로나 케테 콜비츠처럼 사망한 예술가들의 이름을 자신에게 붙였고요.

게릴라걸스의 시위는 예술계의 권력 구조에 대한 의식을 날카롭게 드러냈습니다. 그러나 오늘날까지도 여성과 백인이 아닌

런던 V&A 박물관에 전시된 게릴라걸스 이미지.

사람들의 작품은 백인 남성의 예술보다 낮게 평가돼요.

4차 물결

4차 물결의 시작이라고 볼 수 있는 오늘날 페미니즘은 인터넷을 통한 활동이 특징이지만, 거리에 직접 나서기도 합니다. 온라인에서는 '미투'에 대해 토론하고, 오프라인에서는 '슬럿워크 slutwalk'와 '여성 행진'에서 시위를 합니다. 오늘날 페미니즘에서 중요한 두 가지 주제는 성차별과 성폭력입니다.

2011년: 슬럿워크

성폭행과 성희롱을 어떻게 예방할 수 있을까요? 2011년 1월, 한 대학교 행사에서 캐나다 경찰이 이런 조언을 했습니다.

"피해자가 되지 않으려면 여성들은 헤픈 여자(슬럿slut)처럼 옷을 입지 말아야 한다."

이 말은 큰 분노를 불러일으켰습니다. 미니스커트를 입은 여성은 스스로 성추행을 부추기는 거나 다름없다는 뜻이니까요. 이에 대한 항의로, '범죄 책임은 피해자가 아니라 가해자에게 있다. 피해자가 어떤 옷을 입었는지는 전혀 상관없다.'라는 성명을 담은 제1차 슬럿워크가 열렸습니다.

캐나다 토론토에서 열린 제1차 슬럿워크에는 예상했던 100명이 아닌 3000여 명이 모였는데, 달라붙는 옷차림을 한 여성들도 많았어요. 몇몇은 배에 '헤픈 여자'라고 썼지요. 현수막에는 "내 미니스커트는 당신과 아무 상관도 없어."와 같은 문구가 쓰여 있었고요.

슬럿워크는 몇 주 만에 전 세계적인 운동으로 번졌습니다. 얼마 지나지 않아 미국과 오스트레일리아, 멕시코와 영국, 브라질과 스웨덴, 독일에서도 첫 번째 시위행진이 이어졌지요.

대한민국 서울에 상륙한 슬럿워크
잡년 행진

여성들이 외치는 당연하고도 특별한 구호

"나는 내 몸이 아름답다!"

"임신과 출산에 대한 결정권은 내게 있다!"

2011년 7월 16일, 서울에서 한국 최초로 열린 슬럿워크 시위.

'미투' 논쟁에서도 성희롱이나 성폭행이 문제예요. 이 두 개의 주제는 현재 페미니즘에서 아주 중요하지요.(113쪽 참조)

2부
키워드로 보는
페미니즘

[섹스와 젠더]
누가 여성이고, 누가 남성일까?

◆

여성은 태어나는 게 아니라 만들어진다.

시몬 드 보부아르, 『제2의 성』에서

남자인가요, 여자인가요? 우리 사회는 사람을 성으로 구별하는 데 이따금 광적으로 집착합니다. 이런 현상은 이미 출산 전부터 시작되죠. 예비 부모에게 던지는, 아주 중요해 보이는 첫 번째 질문은 '아들이야, 딸이야?'입니다.

미국에서는 이 질문을 두고 파티를 벌이기도 해요. '성별 공개 파티'죠. 여기서 태아의 성별이 공개됩니다. 이때 예비 부모도 태아의 성별을 모르는 경우가 많아요. 산부인과 의사가 그 전에

예비 부모의 절친한 한 사람에게만 성별을 알려 주기 때문이죠.

아기의 성별을 밝히는 것이 '성별 공개 파티'의 정점을 이룹니다. 남자아이면 파란색, 여자아이면 분홍색을 보여 주어 성별을 공개하지요. 여기에는 색종이 폭죽이나 연막탄, 케이크 등이 쓰인다고 해요.

성별은 사회적인 현상

이렇듯 인간은 태어나기도 전에 이 세상에서의 자리가 이미 정해집니다. 이는 우리가 이 사회를 성별이라는 범주로 인식한다는 사실을 보여 주어요. 여기에 주의를 기울이기 시작하면, 남녀 구분이 우리 삶에 얼마나 광범위하게 퍼져 있는지 깨닫게 되지요.

우리는 상대방의 성이 무엇인지 금방 알아차려요. 남성과 여성은 다른 화장실을 사용하죠. 서류나 설문 조사에도 성별을 적어 넣는데, 이름에서 이미 성별이 대부분 드러나고요. 여성과 남성은 옷차림과 헤어스타일도 다릅니다. 아무 고민 없이 원피스

도대체 페미니즘이 뭐야?

를 입고, 하이힐을 신고, 립스틱을 바를 수 있는 사람은 누구일까요? 또 머리카락을 완전히 삭발할 수 있는 사람은 누구일까요? 무거운 여행 가방을 짐칸에 올릴 때, 누가 누구를 도와주려고 할까요?

여기서 두 가지 관점이 명확해집니다. 하나는 우리 사회에 여성과 남성이라는 두 가지 성이 존재한다는 생각이 널리 퍼져 있다는 점이죠. 다른 하나는 성별은 사회적인 현상이라는 점입니다. 인간이 어떤 염색체를 갖고 이 세상에 태어나는가, 또는 누가 누구와 아이를 낳는가라는 생물학적 사실보다 사회적 요소가 훨씬 더 크게 작용한다는 말이에요.

영어에는 성별을 구분하는 두 개의 단어가 있습니다. 바로 **젠더**gender**와 섹스**sex**입니다. 생물학적인 차원에서는 '섹스'라는 단어를 씁니다. '젠더'라는 단어는 사회문화적 차원과 성 역할 분야에서 쓰이죠. 우리 사회에서 여성 또는 남성이라는 구분은 무슨 의미일까요? 어떤 성이 사회에서 어떤 역할을 담당하고, 사람들은 성별에 따라 각각 어떤 기대를 하나요?

1960년대에 페미니스트들은 양성의 차이가 생물학적 차이 때문이라는 주장에 섹스와 젠더를 구분함으로써 대응했습니다. 그

성별을 구분하는 두 개의 단어

래서 성 역할이 얼마나 변하기 쉬운지 보여 주고자 했지요.

오늘날에는 섹스와 젠더의 대비가 그다지 도움이 되지 않는다고 생각하는 페미니스트들이 많습니다. 이들은 성 역할뿐 아니라, 우리가 우리 몸의 차이를 해석하고 범주화하는 것 역시 사회적인 원인 때문이라고 믿지요. 우리가 두 가지 성별밖에 없다고 가정하기 때문에 우리 몸에서 바로 이 성별을 알아본다는 거예요.

여성과 남성, 두 가지 성만 있을까?

두 가지 성으로 나누는 것을 양성이라고 부릅니다. 이런 이분법으로는 남성 아니면 여성이라는 두 가지 가능성밖에 없어요. 이 이분법은 이제 성별의 다양성 때문에 깨졌습니다. 페이스북 영어권 사용자들은 선택할 수 있는 성 범주가 60개나 됩니다. 그러나 우리 사회 대부분의 사람들은 여전히 남성과 여성이라는 두 가지 성만 있다고 말할 테죠.

양성이라는 이 기준은 무엇보다도 자신이 양성 중에 하나라고 느끼지 못하거나 한 가지 성별과 일치하는 데 곤란을 겪는 사람들에게 문제가 됩니다. 예를 들면 트랜스 여성과 트랜스 남성들이 여기에 포함되죠. '트랜스trans'라는 접두어는 태어날 때 주어진 성을 자신의 정체성으로 느끼지 않는다는 뜻이에요. 이와 반대되는, 그러니까 태어날 때 주어진 성을 자신의 정체성으로 받아들이는 사람들은 '시스cis'라고 불러요. 트랜스 여성과 시스 여성은 모두 여성입니다. 그런데 시스 여성의 성 정체성을 문제 삼지 않는 것에 비해, 어릴 때 남자아이로 성장한 트랜스 여성은 지속적으로 곤란한 상황을 겪어요. 예를 들어 여자 화장실을 이용할 때나 다른 사람에게 남자 목소리 같다는 말을 들을 때가 그렇지요. 모든 트랜스 여성과 트랜스 남성이 호르몬 치료나 수술을 통해 자신의 성 정체성에 맞추어 신체적 특징을 바꾸는 게 아니기 때문입니다.

양성 중 한 가지만 자신에게 해당하는 건 아니라고 느끼는 사람도 많습니다. 이들은 성 정체성이 유동적인 '젠더 플루이드Genderfluid'이죠. 또는 이 두 가지 성별 모두에 속하지 않는다고 느끼는 사람들은 스스로를 '논 바이너리Non-binary' 또는 '젠더 퀴어Genderqueer'라고 정의합니다.

성 역할 고정관념

한쪽은 요정이 가득하고 반짝반짝 빛나는 분홍색 세상이고, 다른 쪽은 야생동물과 우주선과 굴삭기가 늘어선 파란색 세상입니다. 한쪽은 모두 어린 공주를 위한 물건이고, 다른 쪽은 어린 기사를 위한 물건이죠. 장난감 가게보다 더 명확하게 성 역할을 드러내는 곳은 아마 없을 거예요. 오늘날 어린이용 제품들은 공격적인 '젠더 마케팅'의 대상이 되기 때문입니다. 중성적인 장난감은 거의 없어요.

이렇듯 여자아이와 남자아이의 세상으로 명백하게 구분되는 현상은 아이들과 부모에게 마치 어떤 규칙을 은연중에 강요하는 듯합니다. 여자아이는 주방 놀이 장난감을, 남자아이는 로봇 조립 장난감을 가지고 놀아야 한다는 규칙이죠. 이런 상황이 지닌 문제는 분명해요. 어떤 남자아이가 주방 놀이 장난감을 가지고 놀고 싶더라도 그렇게 하지 않을 것입니다. 누군가가 못 하게 막지 않더라도 스스로 그렇게 하죠. 여자아이들의 장난감이 남자라는 자신의 정체성을 위태롭게 할 테니까요.

성 역할은 사람들의 생활 방식을 제한하므로 문제가 많습니

사람들의 생활 방식을 제한하는
성 역할 고정관념!

다. 주어진 성 역할을 수행하지 못하는 사람은 다른 사람들의 거부감에 부딪혀요. 아이뿐 아니라 어른도 마찬가지예요. 예를 들어 아이를 돌보고 살림을 하려고 일을 그만두는 남성은 여성이 그렇게 할 때보다 놀랍다는 반응을 훨씬 많이 접하지요. 그가 이제 더는 '제대로 된 남자'가 아니라고 보는 사람들도 많고요.

사람들은 자신에게 주어진 기대에 부응하려고 적극적으로 행동하기도 합니다. 남녀 한 쌍이 차에 오르면 남성이 운전석에, 여성이 조수석에 앉는 경우가 아주 흔하죠. 첫 번째 데이트에서는 남성이 돈을 지불하고, 여성은 대접을 받습니다. 이런 역할극을 할 필요가 없는데도 계속 이렇게 해요. 이런 현상을 전문용어로는 **젠더 수행**Doing gender이라고 합니다.

여성과 남성은 생물학적으로 차이가 있다?

여성과 남성의 신체적 차이에서 뭔가 도출되는 결론이 있을까요? 많은 이들이 남성과 여성은 천성적으로 완전히 다르게 행동하고 성격도 서로 반대라고 확신합니다. 각각 음과 양이고 해와 달이며, 화성과 금성에서 왔다는 거죠. 근본적인 생물학적 차이가 있다는 가설을 담은 몇몇 책은 이미 베스트셀러가 되었어요. 이런 책들은 유전자와 호르몬 차이 또는 서로 다르게 만들어진 뇌 때문에 남성은 남의 말에 귀를 잘 기울이지 못하고 여성은 주차를 잘하지 못한다고 주장하지요.

그러나 이런 주장들은 과학적인 근거가 없고, 바람직하지 않은 인습을 따릅니다. 이른바 자연적인 성별 차이는 언제나 남성의 특권을 방어하려는 근거로 사용됐지요. 남성은 분석력과 판단력이 있고 여성은 직관적으로 행동한다는 통념은 19세기에 여성들의 대학교 입학과 참정권을 제한하는 근거가 되었습니다.

예를 들어 영국의 성직자 토머스 기즈번은 200년도 더 전에 남성과 여성의 이른바 자연스러운 능력이 이 사회에서 각자 맡은 업무에 얼마나 잘 어울리는지 설명했어요. 그에 따르면 남성들의 업무인 정치와 법률, 과학과 상업에는 '정확하고 포괄적인 사고력과 이를 왕성하고 끝없이 사용하려는 마음가짐'이 필요합니다. 기즈번은 이런 능력이 '여성들에게는 별로 없다'고 주장했어요. 여성들은 다른 재능이 있는데, 예를 들면 '집안 전체를 활기차고 매력적인 기쁨의 미소로 반짝이게 만드는 능력'이죠. 그러므로 여성들은 가정을 돌보고, 정치와 경제 분야의 중요한 지위는 남성들에게 맡기는 것이 현명하다는 겁니다.

프랑스 철학자 니콜라 말브랑슈는 17세기에 여성의 지능을 이렇게 판단했어요.

"여성은 추상적인 모든 것을 이해하지 못한다."

그는 여성의 '뇌 섬유가 연약'하다는 이유를 들었습니다. 초기에 뇌를 연구했던 사람들은 뇌의 크기와 무게를 재고, 이른바 여성의 낮은 지능은 작고 가벼운 뇌 때문이라고 설명했어요. 남성

헤드비히 돔(1831~1919년)

19세기의 페미니스트 헤드비히 돔은 남성과 여성의 차이는 원래 타고난 게 아니라 사회적인 제약 때문에 생겼다고 확신했습니다. 시대를 훨씬 앞서간 확신이죠. 여성이 참정권을 행사하고 대학교에 제한 없이 입학해야 한다는 그의 주장은 독일 여성운동에서 아주 급진적인 목소리였습니다. 작가이자 페미니즘 이론가였던 돔은 근본적으로 동등한 권리를 요구하며 "인권에는 성별이 없다."고 주장했습니다. 고령이 되어서도 사회적인 폐해에 주의를 환기시키는 글을 썼지요. 제1차 세계대전 때 그는 독일의 전쟁 열기에 공공연하게 반대하는 몇 안 되는 사람이었습니다. 돔은 페미니스트일 뿐 아니라 평화주의자였던 거죠. 그가 사망하기 직전에 독일 여성들은 참정권을 얻었습니다.

과 여성의 재능이 태어날 때부터 다르다는 설명은 오늘날 관점으로 볼 때는 웃음만 나옵니다.

성별 차이, 있다? 없다?

오늘날 성과 성차(성별 차이)를 연구하는 학자들은 생물학자든 심리학자든 예전의 통념과는 완전히 다른 연구 결과를 내놓습니다. 이들의 연구에 의하면, 생물학적 영향과 사회적 영향을 구분하기란 쉽지 않아요.

두 가지 성뿐이라는 생각은 너무 단순하므로 생물학에서 부인합니다. 남성과 여성의 성적 특성을 모두 지닌 '간성(인터섹스intersex)'은 예상보다 자주 나타나죠. 예를 들어 질과 자궁이 있는 사람이 남성의 성염색체도 가지고 있는 경우가 있습니다. 이를 비롯한 간성 형태는 총 60가지예요. 신생아 2000명에서 5000명에 한 명은 명확하지 않은 성별로 태어난다고 추측되지요. 간성의 정의를 넓히고 더 작은 차이도 고려한다면 100명 중에 한 명은 간성입니다. 또한 과학적으로 '성 유사성'이 확인되는 점도 주목할 만합니다. 성차 연구에서 전형적인 결과는 성차가 발견되지 않는다는 점이에요. 예를 들어 널리 퍼진 선입견과는 달리, 여자아이들이 태어날 때부터 남자아이들에 비해 사회적인 건 아닙니다. 또 남자아이들이 여자아이들보다 자의식이 강한 것도 아니에요.

남성과 여성의 실제 차이는 그다지 크지 않을 때가 많습니다. 성별에 따른 차이보다는 하나의 성 안에서 나타나는 차이가 훨씬 더 커요. 키를 예로 들어 볼까요? 남성의 평균 키는 여성보다 좀 더 큽니다. 그러나 그 차이는 남성과 여성 각각의 그룹 내부에서 나타나는 키 차이보다는 작아요. 그러므로 남성보다 큰 여성도 많지요. 우리는 성차를 찾고 확인하려는 성향이 있습니다. 그래서 이성애자로 이루어진 한 쌍은 남성이 여성보다 키가 큰 경우가 많아요.

또한 심리학 연구는 성 역할의 힘을 보여 줍니다. 진부한 선입견은 남성과 여성이 특정한 분야에서 얼마나 탁월한가의 여부에 강력한 영향을 끼쳐요.

예를 들어 남성들은 머릿속에서 3차원 이미지를 회전시키는 심적 회전 테스트에서 여성보다 대부분 높은 점수를 얻습니다.

이 테스트는 공간 상상력이 뛰어나야 해요. 이는 성차가 입증된, 몇 안 되는 예들 가운데 하나지요. 그러나 이런 테스트에 앞서서 남성들에게 의상 디자인이나 인테리어, 바느질이나 뜨개질에, 다시 말해서 '남성적이지 않은' 분야에 재능이 있는지 알아보는 테스트라고 하면 그 결과가 엄청나게 달라집니다.

대학생들을 대상으로 했던 또 다른 연구 결과는 수학 분야에서 남성이 탁월하다는 상투적인 주장이 여성의 성적에 얼마나 큰 영향을 주는지 보여 줍니다. 테스트에 앞서 대학생들은 두 그룹으로 나뉘었는데 첫 번째 그룹에게는 이 테스트가 몇몇 사람이 수학 분야에서 왜 다른 사람보다 뛰어난지 알려 준다는 정보를 주었어요. 두 번째 그룹에게는 이 정보 외에도, 수천 명이 이 테스트를 했지만 성차는 입증되지 않았다는 말을 덧붙였지요.

테스트 전에 남녀 참가자들의 수학 성적은 거의 동일했습니다. 그러므로 이 테스트에서도 비슷한 점수가 나올 거라고 예상할 수 있는 상황이었죠. 그런데 두 번째 그룹 여성들의 점수가 다른 모든 참가자들보다 탁월했습니다. 여성이 자신의 재능을 있는 그대로 발휘한다면, 남성과 여성 모두 똑같이 수학에 능하다는 간단한 증거죠.

[성적 대상화]
여성을 왜 '주체'가 아닌
'대상'으로 여길까?

◆

슈퍼우먼들은 일반적으로 나체이거나 비키니를 입고 있다.
이런 옷차림으로 싸울 수 있는 사람은 아무도 없다.
원더우먼이 도대체 어떻게 자신을 지킬 수 있을까? 1분 내에 죽을 텐데.

카라 델레바인, 모델이자 영화배우

미소 짓기와 손 흔들기와 아름답게 보이기. 2018년 여름, 러시아 월드컵 결승전에서 나탈리아 보디아노바가 한 일입니다.

이 러시아 모델은 독일 축구 대표 팀 전 주장인 필립 람과 함께 월드컵 트로피를 내보였습니다. 축구선수 필립 람이 경기장으로 트로피를 가지고 와서 들어 보이고, 나탈리아 보디아노바는 그 옆에서 감탄하며 박수를 쳤어요. 금빛으로 반짝이는 미니스커트를 입은 보디아노바는 금빛으로 반짝이는 트로피와 놀랄

만큼 닮은 모습이었습니다. 싸워서 얻어야
할 또 하나의 트로피처럼 보였지요. 람은
금빛이 아니라 짙은 남색 양복을 입고
있었고요.

　장식품으로서의 여성……. 이는 여성이
라는 성이 아름답지만 수동적이라는 상투
적인 모습에 완벽하게 일치합니다. 이런 유치한
연출은 운동경기에 계속 등장해요. 남성들이 축구를 하는 동안
치어리더들은 엄청나게 짧은 옷을 입고 춤을 춥니다. 세계 최고
사이클 대회인 투르 드 프랑스에서 우승한 선수는 한껏 포즈를
잡은 젊은 여성들에게 에워싸여 사진을 찍지요. 몇몇 운동 종목

남성적 시선(male gaze)

'남성적 시선'이라는 개념은 페미니즘 영화 이론에서 나왔습니다. 관람객들이
성별에 상관없이 이성애자인 남성의 시점에서 영화를 보는 것을 말합니다. 여
성을 욕망하며, 성적인 관심을 가지고 이들의 몸을 보는 거죠. 예를 들어 카메
라는 여성의 가슴골이나 엉덩이에 자주 머뭅니다. 다시 말해서 '남성적 시선'은
남성이 시선을 보내고, 여성은 시선을 받는다는 뜻이에요. 이는 영화 외에 광
고 분석이나 텔레비전 또는 시각예술 등 다른 매체에도 적용될 때가 많습니다.

에서는 여성을 장식품으로 강등시키는 이런 의식을 이제 더는 하지 않습니다. 그러나 여성을 대상화하는 장면은 늘 다시 등장해요. **성적 대상화**한다는 말은 여성을 수동적인 성적 대상으로 만들어 이성애자인 남성들에게 볼거리로 제공한다는 뜻입니다.

여성에 대한 이러한 상투적인 묘사는 대중매체를 통해 많은 관중과 만납니다. 운동 분야뿐이 아니죠. 광고든 뮤직비디오든, 극장이든 텔레비전이든 문제의 소지가 있는 여성들의 모습을 내보내는 경우는 무척 흔해요.

이 세상에서 누가 가장 아름답지? 톱 모델 서바이벌

「저머니스 넥스트 톱 모델」은 독일에서 무척 인기가 높은 방송 프로그램입니다. 젊은 여성들이 톱 모델 자리를 두고 경쟁하는 이 서바이벌 방송에서는 젊고 날씬한 여성들을 보여 줘요. 이들의 외모는 지속적으로 평가받지요.

이 방송의 문제는 많은 사람들이 도저히 충족할 수 없는 이상적인 아름다움을 선전하는 것만이 아닙니다. 젊은 여성이 성공하려면 무슨 일이라도 겪을 마음 자세가 되어 있어야 한다고 가르치는 것도 문제예요. 여기 참가자들은 심사 위원의 말에 전적으로 따라야 해요. 긴 머리카락 자르기, 나체 사진 찍기, 바퀴벌레와 함께 사진 찍기를 거부하면 이르든 늦든 탈락하지요. 「저머니스 넥스트 톱 모델」은 '아니요'라는 말과 자기 몸에 대한 결정권을 가지려는 사람들을 원하지 않는 겁니다.

요즘은 이 방송에 대한 학술적 연구도 있어요. 그중 하나에 따르면, 「저머니스 넥스트 톱 모델」을 시청하는 여자아이들은 시청하지 않는 아이들에 비해 자기가 너무 뚱뚱하다는 생각을 자주 한다고 해요. 또 다른 연구 결과에서는 이 방송이 섭식장애를 강화할 수 있다고도 했지요.

영화와 텔레비전에서 보여 주는 성별 이미지

영화나 만화영화, 뉴스 같은 다른 프로그램도 성별에 따른 고정적인 역할 이미지를 전달합니다. 텔레비전이나 영화에서 여성과 남성은 어떻게 묘사될까요? 이 질문에 답을 얻으려고 독일의 로스토크대학교 학자들은 3500시간이 넘는 텔레비전 프로그램과 800편이 넘는 독일어권 영화를 분석했습니다.

학자들은 여성이 명백하게 소수라는 사실을 확인했습니다. 화면에 등장하는 남성의 수는 여성의 두 배였어요. 어린이 텔레비전 프로그램은 이 차이가 더욱 심해서, 주인공 네 명 중에 한 명만 여자였죠. 어린이 판타지 프로그램에서 이런 현상은 더욱 두드러졌습니다. 수컷이나 남성 캐릭터 아홉에, 암컷 또는 여성 캐릭터는 하나뿐이었어요.

또한 성별에 따라 남녀의 이미지가 아주 다르다는 사실도 밝혀졌습니다. 영화나 텔레비전에 등장하는 여성은 대부분 30세 이하인 젊은 여성이었어요. 여성은 나이가 들수록 눈에 잘 띄지 않지만, 남성은 머리카락이 희끗희끗해도 상관없는 거지요.

또 여성은 조연으로 등장하는 경우가 남성에 비해 두 배지만, 남성은 주연으로서 세상을 가르칩니다. 텔레비전 정보 프로그램에는 남성 언론인(64퍼센트)과 대변인(72퍼센트)과 전문가(79퍼센트)가 압도적인 비율로 출연했어요.

할리우드 영화는 텔레비전 세계에서 나타나는 성별 이미지와 아주 비슷한 모습을 보여 줍니다. 2016년에 대중적인 사랑을 받은 할리우드 영화 900편에서 발언권을 쥔 사람은 주로 남성이었어요. 대사를 하는 등장인물들 가운데 여성은 31퍼센트에 불과했지요. 주로 젊은 여성들이 등장했고요. 여성은 남성보다 노출이 심한 옷차림일 때가 잦고, 나체로 등장하기도 했습니다. 또한 미국 텔레비전 방송을 분석해 보면 여성 등장인물은 직업이 없는 경우가 많았어요.

이런 상투적인 이미지는 어떤 힘을 가지고 있을까요? 이런 이미지가 일으킬 수도 있는 부정적 영향력을 과소평가해서는 안됩니다. 이는 반대쪽의 예, 즉 강력한 여성 주인공을 보면 알 수 있어요. 데이나 스컬리가 바로 그 예이지요. 이른바 '스컬리 효과'는 허구의 인물이 시청자에게 본보기가 되어 줄 수 있음을 보여 줍니다. 스컬리 효과란 1993년부터 방영한 드라마 「엑스 파일」의 주인공 데이나 스컬리의 이름에서 나온 용어예요. 과학자이자 미국 연방수사국[FBI] 요원으로 등장한 스컬리는 현명하고 이성적이며 자주적이죠. 따분한 사람이긴 하지만 엄청나게 멋져요. 한 연구에 따르면 스컬리는 여성들이 자연과학자가 될 수 있게 용기를 북돋웠다고 해요. 자연과학과 기술 분야에서 일하는 여러 여성이 스컬리를 자신의 본보기라고 표현했지요. 남성들이

치마만다 응고지 아디치에(1977년~)

"우리는 모두 페미니스트가 되어야 합니다." 나이지리아 작가 치마만다 응고지 아디치에는 2013년 강연에서 이렇게 주장했습니다. 이 문장은 유명해져서 유명 패션 브랜드의 티셔츠에 인쇄되었지요. 여성 평등에 대한 아디치에의 연설은 가수 비욘세의 노래 「플로리스flawless」에 삽입되기도 했어요. 2017년에 아디치에는 부모가 딸을 자기결정권을 가진 여성으로 키워야 한다고 주장하는 페미니즘 선언을 발표했습니다. 아디치에는 인종차별에 반대하고 동등한 권리를 위해 투쟁할 뿐 아니라, 뛰어난 작가로 활동하기도 해요. 그가 쓴 소설들은 다양한 문학상을 받았지요. 아디치에는 현재 나이지리아 예전 수도인 라고스와 미국을 오가며 생활합니다.

압도적인 직업 세계에서 헤쳐 나갈 힘을 스컬리에게서 받았다고 말하는 여성도 많았답니다.

할 말이 있는 여성들: 벡델 테스트

데이나 스컬리가 등장하기 오래전에, 만화가 앨리슨 벡델은 많은 영화에서 여성들은 장식적인 단역에 불과하고 놀랄 만큼

도대체 페미니즘이 뭐야?

말을 적게 한다는 인상을 받았습니다. 벡델이 1985년에 출간한 만화 『경계해야 할 레즈비언Dykes to Watch Out For』에서 등장인물 중 한 여성이 이런 현상을 어떻게 대할지 제안했습니다. 만화에서 그 여성은 자기가 보는 영화가 어떤 조건을 충족해야 하는지 친구에게 설명하죠. 다음 세 가지 질문에 '예'라는 대답이 나와야 합니다.

> 1. 이름을 가진 여성이 최소한 두 명 나오는가?
> 2. 이 여성들이 서로 대화하는가?
> 3. 남자에 대해서가 아니라, 다른 주제로 이야기를 하는가?

이름을 가진 여성 두 명이 남자가 아니라 뭔가 다른 것에 대해 이야기하기. 이 간단한 기준은 **벡델 테스트**로 유명해졌습니다. 그러나 지금까지도 수많은 영화가 이 최소한의 요구도 충족하지 못하지요. 예를 들어 상영 시간이 거의 10시간에 달하는 「반지의 제왕」 3부작에는 벡델 테스트에 일치하는 여성들 간의 대화가 전혀 없어요.

벡델 테스트는 남성 중심적인 영화가 얼마나 많은지 보여 줍니다. 이 테스트는 영화를 학술적으로 분석하기 위한 도구가 아닙니다. 단순한 페미니즘적 규정일 뿐이지, 영화가 뛰어난지 페미니즘적인 주제를 담고 있는지에 대해서는 알려 주지 않아요. 여성들이 다이어트와 신발 이야기만 하는 영화도 이 테스트에서 합격점을 받을 수 있지요. 이와 반대로, 강인한 여성 주인공이 등장하는 스릴러 영화 「롤라 런」은 벡델 테스트에서 불합격합니다.

광고에서 드러나는 성 역할

여성들이 말을 하지 않는 영화를 억지로 봐야 하는 사람은 아무도 없습니다. 그런데 대다수 사람은 광고에 등장하는 여성상과 필연적으로 마주치게 돼요. 포스터나 팸플릿, 인터넷 어디든 광고가 있는 곳에는 성적 대상화와 성차별, 성별에 따른 진부한 역할이 등장합니다.

광고에서 노출이 심한 여성들이 속옷이나 비키니만 알리는 건 아니에요. 피자와 바닥재와 호스텔 광고도 하죠. 벌거벗은 몸은 광고하는 제품과 아무런 관계도 없고, 그저 주의를 끌려는 수단일 뿐인 거예요. 따라서 여기서 여성의 몸은 장식에 불과합니다. 이와 비교하면 반쯤 나체인 남성이 등장하는 광고는 훨씬 적어요.

게다가 이런 광고들은 여성들을 성적으로 이용할 수 있다고 암시하는 경우도 잦습니다. 티 팬티만 입고 호스텔을 광고하는 모델의 음부 위치에는 "24시간 열려 있음."이라고 쓰여 있지요.

또한 광고에는 진부한 표현이 자주 등장합니다. 어떤 탄산수 회사는 "남자들도 감정이 있다. 갈증이 바로 그것이다."라는 카피로 광고를 했습니다. 어떤 식료품 기업은 "남편에게 케이크를 구워 주세요. 설령 그가 다른 누군가를 사랑한다고 해도."라고 광고하면서, 앞치마를 두른 여자가 축구공 케이크를 손에 들고 있는 모습을 보여 줬어요. 남편이 축구를 좋아하는 건데, 다른 사람을 사랑한다고 오해하게 말장난한 거죠. 광고 세계에서 누가 살림을 하는지는 어차피 명백합니다. 세제나 생활용품 광고는 일반적으로 여성이 하죠. 걸레를 휘두르고 세탁기를 작동하는 사람은 대부분 여성이에요. 청소는 여성이 할 일이라고 믿는 남성이 사라진 세상으로 나아가는 상황에서 이런 광고는 별로 바람직하지 않지요.

게다가 광고에는 완벽주의 성향이 아주 흔해서, 티 없는 피부와 비단결 같은 머릿결을 지닌 젊고 날씬한 사람들을 보여 줍니다. 화장과 조명과 몇 시간에 걸친 포토샵은 이 세상을 초월한

섹스가 팔린다

여성을 성적 대상으로 묘사하는 광고를 변호하기 위해 "섹스가 팔린다."는 말이 자주 사용됩니다. 섹스를 내세워 광고하는 제품이 훨씬 잘 팔린다는 거죠. 심리학자들은 이 주장을 의심합니다. 이런 광고는 오히려 브랜드에 해를 끼칠지도 모른다면서요. 확실한 것은 "섹스가 팔린다."는 말을 할 때 대부분은 성관계 묘사가 아니라, 섹스를 예고하는 반쯤 벌거벗은 여성이 등장한다는 점이에요. 그저 벗은 사람에 불과한데도, 여성의 몸을 보는 것만으로도 섹스와 동일시하는 것입니다.

도대체 페미니즘이 뭐야?

아름다운 모델의 모습을 만들어 내죠. 그 누구도 따라갈 수 없는 인공적인 인물로요. 이런 모습은 사람의 외모에 대한 우리의 상상력에 깊은 인상을 남깁니다. 주름과 흉터와 여드름과 튼살이 있는 진짜 사람의 몸보다, 완벽한 몸매에 매끄러운 피부를 한 여성들을 더 자주 보면서요.

[몸]
몸이라는 전쟁터

◆

타인의 몸에 대해 불평하는 것은 비(非) 페미니즘적이다.
그가 당신 위에 아주 무겁게 걸터앉아 있는 게 아니라면.

마가레테 슈토코브스키, 독일에서 활동하는 페미니스트이자 작가

인간은 태어날 때부터 입술과 손바닥과 발바닥에만 털이 없습니다. 그 외 다리와 겨드랑이, 얼굴과 성기 부위 등 거의 몸 전체에 부드러운 솜털 또는 거칠고 곱슬곱슬한 털이 자라요. 어떤 사람들은 금발, 어떤 사람들은 흑발이죠. 그런데 많은 여성이 몸에 난 털에 선전포고를 했습니다. 이들은 원하지 않는 털을 면도하고, 뽑고, 왁스로 제거하고, 탈색하죠.

몸에 난 털이 남들 눈에 띄는 여름이면 특히 더 그래요. 수영

장에 가기 전에는 털부터 일단 없애죠. 또 수영복 가랑이 쪽에 옆으로 음모가 빠져나오지 않게 하기도 해요. 독일의 라이프치히대학교 연구에 따르면, 독일의 14세에서 17세까지 여자아이들 중 3분의 2는 이따금 또는 정기적으로 특정 신체 부위의 털을 제거합니다. 18세에서 30세까지 여성들의 경우는 80퍼센트 이상이고요. 젊은 여성은 특히 겨드랑이와 다리와 성기 주변을 제모합니다. 제모는 짜증스럽고, 하는 데 시간과 비용도 많이 들어요. 게다가 상처와 염증 등 귀찮은 부작용도 계속 따르지요. 그런데도 수많은 여성이 제모를 하는 이유는 뭘까요?

외모 품평하는 사회

아주 간단합니다. 잘 단련된 날씬한 몸매나 잡티와 주름 없이 하얀 피부와 마찬가지로, 제모 또한 여성에게 사회적으로 적용되는 미의 규범에 포함되기 때문이죠. 많은 여성이 자신을 제약하고 억압하는 이런 미의 기준을 마음에 새겨요. 제모에 관한 조사에 참가한 많은 여성은 제모하는 게 마음에 들고 자신이 정한 미의 규범에 맞다고 대답했습니다. 이 말이 사실일까요? 대중매체와 광고에 나오는 여성의 몸에는 털이 전혀 보이지 않는데, 이러한 미의 기준은 정말 스스로 정한 걸까요? 추운 겨울에는 다리털을 그대로 두는 여성도 있어요. 긴 바지로 감출 수 있으니까요. 다른 사람들 눈에 띄지 않는 한 불편하지 않은 거죠.

조사에서 '위생' 때문에 제모한다고 대답한 여성도 많았습니다. 하지만 사실은 오히려 반대예요. 음모는 보호 울타리 역할을 해서, 박테리아가 질 안으로 들어가지 못하게 막아 주지요. 또 제모를 하다가 생기는 작은 상처 때문에 피부가 감염되기도 해요. 그러므로 산부인과 의사들은 제모가 유행하는 상황을 회의적으로 봅니다.

미의 규범이 얼마나 강력한지는 누군가 그 규범을 따르지 않을 때 특히 두드러집니다. 진한 색 거친 털을 그대로 둔 여성들은 털에 대해 경멸하는 말을 자주 듣지요. 털이 난 아래팔은 '여성답지 않고' 수염은 '구역질 나며', 발가락에 난 털은 '혐오스럽다'고요. 이것은 사회에서 통용되는 이상형에 자신의 몸을 맞추지 않으려는 여성이 마주해야 하는 수많은 예들 가운데 하나에 불과한데, 이런 현상을 바디 셰이밍^{Body shaming}이라고 불러요. 몸 때문에 타인에게 창피를 당하고, 양심의 가책을 느끼는 것이죠.

여성들이 규범에 맞지 않는 몸을 많은 대중에게 내보이면 거부감은 더욱 커져요. 스웨덴 모델 아르비다 비스트룀은 최근 운동화 광고에서 어떤 포즈를 취했습니다. 사진에서 가장 중요한 것은 광고 대상인 운동화죠. 그러나 제모하지 않은 비스트룀의 다리가 더 많은 관심을 끌었어요. 분홍색 양말과 크림색 레이스 원피스 사이에 제모하지 않은 다리가 또렷하게 드러나 있었지요. 제작자는 아마도 이 광고 사진으로 페미니즘적인 이미지를 주려고 의도했을 것입니다. 그러나 대중에게 공개된 여성의 몸이 아무런 언급 없이 지나가는 일은 거의 없지요. 비스트룀이 인스타그램에 밝힌 바에 따르면, 그는 이 사진이 공개된 후에 수없이 많은 악성 댓글과 성폭행 위협까지 받았다고 해요.

바디 셰이밍은 특히 뚱뚱한 여성들에게 심하게 집중되는데, 이 경우에는 **팻 셰이밍**Fat shaming이라고 불러요. 체중은 여성의 몸에 대한 사회적 평가에서 중요한 역할을 하죠. 날씬해야 한다는 규정에서 벗어나는 사람은 매일 경멸의 시선을 받거나 무례한 말을 들어요. 뚱뚱한 여성이 몸을 감추지 않고 짧은 바지나 배가 드러나는 상의를 입으면 이런 일이 생깁니다. 묻지도 않았는데 건강에 신경을 더 써야 한다거나 운동을 더 해야 한다는 조언을 받는 거죠. 뚱뚱한 어린이들도 이제 비스킷을 더 먹지 말라며 몸을 비난하는 소리를 듣습니다. 또한 체중이 많이 나가는 사람은 여러 가지 선입견에 시달려요. 뚱뚱한 여성은 일터에서 능력과 교양이 부족하다고 간주되고요. 비만이 심한 사람은 게으르고 의지가 약하며, 자제력이 없고 비위생적이며, 책임감이 부족하고 멍청하다는 편견도 많지요.

미국에서 시작한 '비만 수용 운동'은 뚱뚱한 사람들에게 낙인을 찍는 행위에 맞서 싸웁니다. 여성이 특히 차별받는 일이 흔하므로, 이 운동은 페미니즘 투쟁이기도 해요. 비만이 여성적인 미의 기준에 맞지 않을뿐더러, 이들의 몸이 우리 사회가 여성에게 허용한 것보다 더 넓은 공간을 차지하기 때문이기도 할 거예요. 대중교통에서 보듯이 공간은 일반적으로 남성들이 차지합니다. 남성이 다리를 쩍 벌리고 앉는 반면, 여성은 다리를 모아서 몸을 가늘게 만들지요. 공공장소에서 몸을 감추는 거예요. 뚱뚱한 여성은 몸을 감출 수 없습니다.

미의 기준, 누가 정한 걸까?

SNS에서 일어나는 몸매 경쟁

여성이 이른바 어떤 외모를 지녀야 하는지 암시하는 것은 완벽한 여성의 몸매를 보이는 대중매체나 광고만이 아닙니다. SNS는 더 큰 부담을 주죠. 마음에 드는 각도로 찍고 거기에 더해서 장식적인 필터를 거친 온갖 사진은 모델이나 스타뿐 아니라 평범한 사람도 언제나 아주 아름답게 보여야 한다는 생각을 전파해요. 우리는 이런 사람들과 우리 자신을 비교하죠. 제일 친한 친구나 얼마 전 파티에서 만난 여자아이 말이에요.

미국에서 실시한 조사에 따르면, 사람들은 지극히 평범한 타인의 날씬하고 예쁜 사진을 볼 때 자신의 몸에 불만을 갖게 된다고 해요. 이 조사에서 실험 참가자들에게 비키니를 입은 여성들의 사진 세 장을 보여 줬어요. 얼굴은 보이지 않는 사진이었죠. 그 후에 얼굴도 같이 나온 사진을 보여 줬는데, 사진 속 주인공들의 정체는 유명인이었습니다. 영화배우 제시카 비엘과 테니스 선수 세리나 윌리엄스, 모델 캔디스 스워너풀이었어요. 실험 참가자들은 유명인의 사진보다 얼굴이 없는 익명의 사진을 봤을 때 기분이 더 좋지 않았어요. 이런 현상은 유명인들이 외모

를 위해 얼마나 노력하는지 아는 사람이 많기 때문이라고 설명
할 수 있을 겁니다. 이에 비해 익명의 사진을 볼 때는 그 사진과
자신을 비교하지요. 참가자들은 자기 자신도 그런 몸매를 지녀
야 한다고 생각하는 거예요.

SNS에서 일어나는 몸매 경쟁은 특히 인스타그램에서 많이 보
입니다. 인스타그램 사용자는 이 경쟁의 관문을 통과하기 위해
아주 날씬하게 나온 사진을 올려요. '허벅지 사이 틈 경쟁'에서
는 다리를 붙이고 섰을 때 허벅지 사이에 틈이 얼마나 벌어지는
지가 중요해요. 허벅지 안쪽의 틈은 골반이 넓고 다리가 가늘어
야 생기므로 아름다운 몸매의 증거라는 거예요. '에이 포(A4) 경
쟁' 참가자들은 세로로 세운 에이 포 용
지로 가려질 만큼 가느다란 허리를 보
여 주고요.

이 모든 경쟁의 공통점은 극도로 마
른 몸을 이상형으로 퍼뜨린다는 것입니
다. 아무리 굶고 운동을 한다고 해도 해부
학적 이유로 허벅지 사이 틈이나 에이 포
허리가 불가능한 여성도 많아요. 영국에서

실시한 조사에 따르면, 십대를 비롯한 젊은 여성들에게 자기 몸에 대해 가장 부정적인 영향을 끼치는 SNS는 인스타그램이었습니다.

모든 몸은 오케이: 자기 몸 긍정주의

인스타그램과 같은 SNS를 통해 지난 몇 년 동안 **자기 몸 긍정주의**Body positivity도 널리 알려졌습니다. 자기 몸 긍정주의의 신조는 '모든 몸은 있는 그대로 사랑스럽다.'는 것입니다. '좋음' 또는 '나쁨', '아름다움' 또는 '보기 흉함'이라고 몸에 평가를 내리는 데 반대하지요. 사실 원래 당연한 일을 주장하는 거죠. 몸을 남에게 보여 주기 위해 체중을 줄이거나 늘리고, 피부를 더 팽팽하게 당기거나 여드름을 없애야 할 사람은 아무도 없어요. 살이 늘어졌더라도 레깅스나 배가 드러나는 민소매 상의를 입어도 돼요. 비키니를 입기 위해 운동과 다이어트로 몸매를 만들어야 할 필요는 없죠.

자기 몸 긍정주의는 다른 몸을 내보여 또 다른 경쟁을 시키거나 아주 마른 여성들을 경멸하려는 게 아닙니다. 서로 다른 미의 이상형을 내세우는 게 아니라, 획일적인 이상형에서 벗어나 다양한 아름다움을 보려는 거죠.

이제 많은 패션과 화장품 브랜드가 자기 몸 긍정주의를 내세우고, 광고에 플러스 사이즈 모델들을 등장시키고, 광고사진을 조작하지 않기는 해요. 그런데 전체 미용 산업은 많은 여성이 자기 몸을 꾸며야 한다고 믿을 때 큰 이익을 얻습니다. 누군가는 안티 셀룰라이트 크림과 푸시 업 브래지어, 아랫배를 눌러 주는 속옷을 사고, 비키니 몸매를 만들어 줄 피트니스 프로그램에 등록해야 그들이 돈을 벌겠죠. 따라서 기업들은 여성이 자기 몸에 나타나는 새로운 특징을 약점으로 여기면 아주 유리해요. 이럴 때 기업은 돈으로 살 수 있는 해결책을 여성들에게 제시합니다.

영국 칼럼니스트이자 페미니스트인 로리 페니는 이런 현상을 비꼬아서 이렇게 표현했어요.

"이 세상의 모든 여성이 아침에 눈을 떴을 때 자기 몸에 애정을 느끼고 활력이 넘친다고 생각한다면, 세계경제는 하룻밤 사이에 무너질 것이다."

여성을 더욱 억압하는 아름다움 강요

빨래판 같은 배와 넓은 가슴, 잘 단련한 이두박근. 남성도 미의 규범을 충족해야 한다는 압박이 늘고 있습니다. 이들 역시 대중매체와 광고와 SNS에서 엄청난 양의 완벽한 육체 이미지와 마주하죠. 처음에는 공평하다고 생각될 수도 있지만 긍정적인 영향은 전혀 없어요. 특정한 미의 기준에 일치해야 한다는 부담은 여성이건 남성이건 누구에게도 이익이 되지 않기 때문이죠.

그러나 여성은 남성에 비해 외모로 판단되는 정도가 훨씬 심합니다. 이 사실은 **젠더 프라이싱**Gender pricing이라는 현상에서도 드러나죠. 이 용어는 성별에 따라 가격이 다름을 뜻해요. 어떤 제품이나 서비스가 소비자의 성별에 따라 가격이 달라진다는 사실을 알려 주죠. 외모를 꾸미는 데 필요한 제품은 여성용일 때 더 비싼 경우가 많아요. 미용실에 가면 머리카락 길이에 관계없이 남성보다 여성의 커트 비용이 비쌉니다. 또 블라우스 세탁은 셔츠 세탁 비용보다 비싸죠. 게다가 똑같이 만든 제품인데도 분홍색 면도기가 남성용 파란색 제품보다 비쌉니다. 왜 그럴까요? 기업들이 여성은 남성보다 외모에 더 많은 돈을 투자한다고 계산하기 때문일 거예요.

여성을 이렇듯 외모로 판단하는 이유는 무엇일까요? 미국의 페미니스트이자 작가인 나오미 울프는 여성이 동등한 권리를 더 많이 누릴수록 아름다워야 한다는 강요도 더 심해지고, 이런 강요가 여성을 억압할 거라고 예상했습니다. 그는 『무엇이 아름다움을 강요하는가』에서 이렇게 말했어요.

"여성들이 아이와 부엌과 교회라는 여성적인 것에 대한 집착에서 어느 정도 해방되자, 이번에는 아름다움의 신화가 그들을 구속하기 시작했다."

불평과 굶기: 아름다움을 강요한 결과

여성들 대부분은 사회에서 통용되는 미의 기준에 맞출 수 없습니다. 그래서 많은 이들이 자기 몸을 부정적으로 생각하고 스스로에게 이런 질문을 던지지요.

'이 청바지를 입으면 엉덩이가 너무 뚱뚱해 보일까?'

'이런 원피스를 입으려면 좀 더 날씬해야 하지 않나?'

독일의 십대 여자아이들 중에 과체중은 아주 적지만, 13세 여자아이 둘 중 한 명은 자신이 너무 뚱뚱하다고 생각하고, 15세 여자아이 네 명 중 한 명은 다이어트를 해 본 경험이 있습니다. 여자아이들 셋 중 한 명은 음식을 먹으면서 양심의 가책을 느껴요. 이들에게 아이스크림과 초콜릿, 피자를 먹는 일은 죄가 되지요.

2007년 독일의 로베르트코흐연구소가 실시한 조사에서, 11세에서 17세 사이의 여자아이 열 명 가운데 세 명은 섭식장애 증상을 보인다는 걱정스러운 결과가 나타났습니다. 섭식장애는 요즘 과거보다 더 자주 발생해요. 신경성 식욕부진증(거식증)에 시달리는 젊은 여성들의 수는 두 배 이상 늘었지요. 15세에서 24세 사이의 여성 10만 명 중에 식욕부진증은 예전 20명에서 현재 50명으로 늘었습니다. 이런 환자 10명 가운데 한 명 이상이 이 병으로 사망했어요.

섭식장애는 발병 원인이 하나가 아닌 복잡한 질병입니다. 그렇다고 해도 아주 가냘퍼야 하는 미의 기준과 비만인 사람을 차별하는 사회적 분위기가 발병에 큰 역할을 하는 것은 사실이죠.

이걸 입어! 옷 규정

2018년 4월, 미국 플로리다주의 어느 고등학교에서 회색 긴팔 셔츠 아래에 브래지어를 하지 않은 17세 여학생이 수업 시간에 쫓겨났습니다. 유두가 이따금 옷 위로 도드라져 보였기 때문이에요. 이를 지적한 선생님은 처음에 셔츠를 더 걸쳐 입으라고 지시했습니다. 그 말대로 셔츠를 두 겹 입었는데도 선생님은 못마땅해하며 여학생을 교실에서 빼내 보건실로 보냈어요. 보건실 선생님은 그 학생에게 반창고를 주며 유두에 붙이라고 했지요. 남학생들이 수업에 집중하지 못할 수도 있다는 이유에서였어요. 그 학생은 학교의 이런 반응에 대한 불만을 트위터에 올렸습니다. 브래지어 없이는 수업에 참가할 수 없는 걸 보니 남학생들 교육이 자기 교육보다 더 중요한 모양이라고 썼지요.

참 이상합니다. 광고 포스터 속 여성들은 반쯤 벌거벗은 채 우리를 바라보는데, 실생활에서 여성은 지나치게 도발적인 옷을 입지 않도록 조심해야 하다니요. 학교뿐만이 아니에요. 남성과는 달리, 여성은 상의를 벗고 수영하는 게 당연하지 않아요. 이상하죠? 남성도 유두가 있지 않은가요? 체중이 좀 나가는 남성의 가슴은 여성 유방과 비슷해 보이기도 하고요. 하지만 벌거벗은 남성의 상체는 그저 상체일 뿐이죠. 여성과는 달리, 이들의 상체에는 성적인 의미가 없습니다.

가려진 여성의 '하체'

여성의 성기에 대해 한번 이야기해 볼까요? 벌거벗은 남성을 다룬 예술 작품에는 남성의 성기가 빠지지 않습니다. 여성의 나체를 다룬 예술 작품이 훨씬 많은데도 여성의 성기는 잘 표현되

도대체 페미니즘이 뭐야?

지 않죠. 여성의 외음부를 그리는 일도 드물어요. 생물책에도 자세한 그림은 거의 나오지 않죠. 벽이든 화장실 문이든 칠판이든 어디든 그려지는 남성의 성기와는 달리, 여성의 성기는 공식적으로 눈에 보이지 않아요.

여성의 성기는 외음부와 내음부로 나뉩니다. 외음부에는 음순과 클리토리스가 있고, 내음부에는 자궁과 연결된 호스 같은 기관인 질이 있죠.

서양 문화에서 여성의 성기는 이미 오래전부터 가려졌어요. 200년도 더 전에 남성과 여성이 완전히 다르다는 견해가 등장하고 성별에 따른 생물학적 차이를 미친 듯이 찾게 되자 그전에는 알고 있던 사실, 즉 클리토리스가 여성에게는 남성의 음경과 같은 기관이고 성감대의 중심이라는 지식은 사라졌습니다.

그 대신 여성의 생식기는 질로만 정의되며 하나의 '구멍'으로 축소되었어요. 이런 상상이 클리토리스의 실제 크기가 1998년에야 밝혀지는 데 얼마나 큰 영향을 끼쳤을까요?

파란 피: 월경은 터부

우리 문화에서는 여성 성기와 마찬가지로 월경도 터부입니다. 인류의 절반이 수십 년 동안 월경을 하는데도 말이죠. 남성에게 월경을 비밀로 해야 하고, 생리대가 있는지 물을 때는 나지막하게 속삭여야 하며, 광고에서 생리대는 파란 피를 흡수하죠. 진짜 월경 피는 구역질이 나서 아무도 보고 싶어 하지 않는다고 해요. 이런 생각은 생리용품 회사만 하는 게 아니라 인스타그램도 합니다. 인스타그램은 2015년에 침대에 누워 있는 예술가 루피 카우르의 사진 한 장을 삭제했어요. 운동복 바지와 침대보에 피가 묻어 있었기 때문이죠. 인스타그램은 항의를 받고 나서야 삭제된 사진을 복원했어요.

월경을 둘러싼 터부는 아주 오래되었습니다. 수십 년 전까지만 해도 월경 피를 유독하다고 여겼고, 월경할 때는 과일을 줄이지 말고 생크림도 젓지 말고 파마도 하지 말라는 조언이 돌았어요. 과학적인 근거가 전혀 없는, 말도 안 되는 소리죠. 그러나 다른 몇몇 문화권에서는 오늘날까지도 월경 피를 불결하게 여깁니다. 예를 들어 인도와 네팔, 케냐와 가나, 베네수엘라의

도대체 페미니즘이 뭐야?

시골에서는 수많은 여성이 매달 월경을 할 때면 각각 다른 규정에 따라 사회에서 배제돼요. 우물을 이용하지 못하거나 신전에 들어갈 수 없고, 젖소의 젖을 짜거나 요리하지 못하죠. 또한 2005년부터 금지되었는데도 네팔에서는 월경 중인 여성이 진흙 오두막이나 동물 우리로 쫓겨나요. 이들은 이곳에서 야생동물에게 습격당하거나 남성들에게 성폭행을 당합니다.

몇 년 전부터 몇몇 젊은 여성들은 피 묻은 운동복을 입은 예술가 루피 카우르처럼 자신의 월경을 공공장소에서 드러내 보입니다. 이 터부를 없애기 위해 월경 피로 그림을 그리고 질에 넣었던 털실로 목도리를 뜨기도 하죠. 인도계 미국인 뮤지션 키란 간디는 월경 중에 생리용품을 하지 않은 채 마라톤에 참가해서, 피로 물든 가랑이를 세상에 공개했습니다. 독일 카를스루에의 한 여학생은 생리대에 다음과 같은 글을 써서 가로등과 버스 정류장과 성벽에 붙였습니다.

"남자들이 월경에 구역질을 하는 것처럼 성폭행에도 구역질을 한다고 상상해 봐."

자기 몸에 대해 스스로 결정할 자유

다시 한번 요약해 봅시다. 우리 사회에는 도달하지 못할 미의 기준이 널리 퍼져 있고, 성적 측면을 강조하는 암묵적인 옷 규정이 있고, 자연스러운 생리 현상이 터부시됩니다. 여성의 몸은 수많은 명령을 받고 금기시되죠. 페미니스트들은 이 점을 비판해요. 여성이 자신의 몸에 무엇을 하고 무엇을 하지 않을지를 다른 사람이 규정하는 것을 원하지 않지요. 화장을 할지, 겨드랑이 털을 자랑스럽게 그대로 둘지는 누구나 스스로 결정해야 해요. 여성이 자기 몸에 대해 스스로 결정하는 것이 바로 페미니즘이기 때문이죠.

내 몸은 내 맘대로!

여성도 자기 몸에 대해
스스로 결정할 권리가 있다!

이것도 사랑일까?

◆

나는 이 세상에 더 많은 기쁨과 사랑과 오르가슴이 필요하다고 생각한다.
지금은 쾌감에 적대적인 사회다. 번민이 훨씬 더 많이 받아들여진다.
여성들에게 우리는 지극히 성적인 존재라고 말하고 싶다.
그러나 여성은 남성의 마음에 들게 양육되므로, 성적인 것과 거의 연결되지 않는다.

애니 스프링클, 행위 예술가이자 성과학 박사

2018년 3월, 키스하는 사진 한 장에 독일 대중매체들이 들끓었습니다. 44세의 모델 하이디 클룸과 28세의 뮤지션 톰 카우리츠가 키스하는 사진이었어요. 여자가 남자보다 16세 연상이죠. 그때 이 사실을 언급하지 않은 기사는 없었습니다. 《슈테른》은 자비롭게 "아무 문제 없다."고 썼지만, 이 나이 차가 기묘하기는 하다며 클룸이 수영복을 입고 포즈를 취할 때 카우리츠는 아직 초등학생이었다는 계산을 내놓았지요. 이런 말은 어딘지 모르게 지저분하고 부도덕하게 들립니다.

하이디 클룸에게 동의하지 못하는 이유가 몇 개 있기는 합니다. 예를 들어 「저머니스 넥스트 톱 모델」이라는 모델 서바이벌 방송의 진행자로서 클룸이 보여 준 여성상과 미의 기준이 그런 이유예요.(66쪽 참조) 그러나 남자친구가 훨씬 어리다며 클룸을 비난하는 행위는 우리 사회에 누가 누구와 사귀어야 하는지에 대한 암묵적인 규정이 존재한다는 사실을 드러내죠. 나이 든 남성과 젊은 여성의 관계는 일반적으로 인정되지만, 상황이 반대일 때는 아닙니다. 데이트 파수꾼들은 몇몇 다른 경우도 불신의 눈으로 감시해요.

"여자가 남자보다 크네?"

"남자는 특성화고 졸업자인데, 여자는 박사 학위가 있다고?"

"여자는 고전적인 미인과는 거리가 먼데, 남자는 슈퍼모델처럼 보이는군. 흠, 저 두 사람의 관계가 오래 지속될 수 있을까?"

주변 사람들과 대중매체는 이런 의문을 품습니다. 사랑에서도 성 역할의 영향력이 얼마나 막강한지 보여 주는 반응이죠. 여성은 그저 아름다우면 된다는 거니까요.

2015년 여름, 독일의 청소년 잡지 《브라보》는 여자아이들에게 데이트 팁을 준다는 온라인 기사를 실었습니다. 남자아이들에게 인기를 얻고 싶은 여자아이들에게 '눈부신 외모를 위한 100가지 조언'을 했지요.

"남자아이들은 생기 있는 여자아이의 뺨을 좋아한다. 볼연지를 항상 사용해라. 건강하고 섹시해 보인다!"

"좋아하는 아이가 가까이에 있다면 목소리를 약간 굵게 내라. 섹시하고 성숙하게 들린다."

"달랑거리는 귀걸이는 아주 섹시하다. 남자아이들이 모두 너를 돌아볼 것이다."

여자아이들을 이른바 섹시하게 해 준다는 조언이 무려 13가지였어요. 절대로 과장하지 말라는 조언도 빠트리지 않았지요.

"너무 지나치게 꾸미면 안 된다. 가슴이 너무 많이 파인 옷이나 아주 짧은 미니스커트를 입으면 남자아이들에게 헤픈 여자로 보인다."

여성의 성생활에 대해 이러쿵저러쿵

"섹시하게 보일 것, 하지만 헤프게 보이면 안 됨!"

《브라보》는 이렇듯 모순되는 조언을 하면서 여성에게 지극히 적대적인, 슬럿 셰이밍Slut shaming이라 불리는 현실을 보여 주었습니다. 슬럿 셰이밍은 '헤픈 여자 낙인찍기'입니다. 섹스 여부와는 관계없이 여성들의 성생활을 공격하죠. 여성들은 짧은 옷, 꽉 끼는 옷을 입거나 화장을 너무 많이 하는 것만으로도 '헤프게 보인다'며 공격당해요. 이 말은 지금 문제가 되는 것이 섹스라는 사실을 보여 줍니다. 여성들은 섹스를 하지 말아야 한다는 뜻이 숨어 있죠.

슬럿 셰이밍의 원래 형태는 어떤 여성이 '너무 많은 남자들'과 '너무 빨리' 성관계를 하면 '헤픈 여자'나 '창녀', '매춘부' 또는 '색정녀'라고 부르는 것입니다. 섹스 파트너가 많은 여성과 섹스를 하면 만족스럽지 못하다며, 여성에게 적대적인 말을 하는 남성들도 있어요. 그런데 여성들도 동성에게 '헤프게 섹스한다'며 비난합니다. 또한 슬럿 셰이밍은 사회의 이중 잣대를 보여 줍니다. 성생활을 활발하게 하는 남성은 사회적인 비난을 받을 위험

왜 여성의 치마 길이에 이름표를 달지?

이것은 여성을 통제하려는 것!

이 없어요. '선수'라거나 약간 구식으로 '카사노바'라고 불릴 뿐이죠.

'슬럿 셰이밍'은 여성의 성생활을 통제하려는 수많은 시도 가운데 하나입니다. 이런 통제 욕구의 또 다른 예는 몇몇 종교와 사회에서 나타나요. 바로 여성들이 결혼할 때 성관계 경험이 없어야 한다는 거죠. 미국 십대 여자아이 여덟 명에 한 명은 결혼하기 전까지 성관계를 갖지 않으려고 합니다. 기독교 단체가 조직하는 '순결 무도회'에서 결혼 때까지 금욕하겠다고 맹세하죠. 아프가니스탄에서 결혼 전에 섹스를 한 여성은 징역형을 받을 수도 있어요.

여성의 성적 순결을 둘러싼 숭배는 강력한 신화를 만들어 냈습니다. 어떤 여성의 성 경험 여부를 처녀막의 상태로 알 수 있다는 미신이 바로 그것이죠. 전혀 그렇지 않은 경우가 흔한데도요. '처녀막'이라는 표현 자체도 이 신화가 집요하게 지속되는 데 한몫합니다. 여성이 남성과 처음 자면 누구나 피를 흘린다는 얘기도 잘못된 거예요. 처녀막은 닫힌 막이 아니라, 질 입구를 에워싸고 있는 신축적인 조직의 가장자리이기 때문입니다. 모양은 각자 다르지만, 대부분 비닐 랩보다는 머리 고무줄 모양에 가깝죠.

언제나 섹시하게, 그러나 내숭은 떨지 말고

성적으로 활발한 여성은 평가 절하되지만, 이와 동시에 여성들은 섹시해야 한다는 요구를 받습니다. 잡지 《브라보》의 연애 조언에서뿐 아니라, 피자와 호스텔 광고에서도 그렇죠.(72쪽 참조) 일부 여성들도 입을 내밀고 섹시한 포즈로 찍은 셀카를 인스타그램에 올려서 이런 생각을 서로 전파해요. 남성이 쉽게 손에 넣지 못하는 여성이라고 해도, 뜨거운 섹스를 할 준비는 언제든 되어 있어야 한다는 거죠. 포르노에 나오는 모든 행위를 할 용의가 있음은 말할 나위도 없고요. 성행위에 관심을 보이지 않으면 순식간에 '내숭 떤다'거나 '편협하다'거나 '빡빡하다'고 간주됩니다. 지극히 당연한 얘기지만, 사람들은 성별에 관계없이 섹스를 하고 싶다는 욕망을 늘 느끼지는 않아요. 모든 사람이 똑같은 정도로 성행위를 좋아하는 것도 아니고요.

언제나 성행위를 원하고 또 할 수 있어야 한다는 규정은 아마 여성보다 남성에게 더 큰 부담일 것입니다. 남성들은 친밀한 관계보다는 섹스를 원하고, 스스로 욕망을 통제할 수 없어 충동적인 성생활을 한다는 진부한 생각이 우리 사회에 영향을 끼치고 있기 때문이죠. 이에 비해 여성들은 무엇보다도 친밀한 관계를 원하고, 성적인 욕구는 약하다고 여겨집니다. 남성은 정욕이 가득하고 여성은 성에 무감각하다는 이런 상상은 성차를 주장하며 남성들이 사회적 주도권을 지켰던 19세기에 생겨났습니다.(57쪽 참조) 그전에는 완전히 반대였어요. 남성이 이성적이고, 여성이 유혹한다고 여겼지요.

남성의 마음에 들기 위해 노력해라?

《브라보》의 100가지 조언은 성생활과 사랑에 관한 우리 생각을 지배하는 또 다른 성차별적 규정들을 보여 줍니다. 여자는 남자의 마음에 들어야 하고, 또 들려고 해야 하며, 그러기 위해 스스로를 가꾸어야 한다는 것이에요. 구체적으로 그 조언들을 다시 떠올려 보죠.

"분홍색 옷과 액세서리를 피해라! 남자아이들은 그런 걸 아주 싫어한다!"

"그 아이가 어떤 밴드를 좋아한다고? 그 밴드의 셔츠를 입거나 밴드 로고가 그려진 열쇠고리를 가지고 다녀라. 그러면 남자아이에게 멋져 보인다!"

도대체 무슨 조언이 이런가요? 자기가 좋아하는 밴드의 티셔츠를 입는 게 더 낫지 않을까요?

여자아이들은 대체로 자기 자신을 드러내지 말아야 한다고, 겸손하고 조용해야 한다고 배웁니다. 그래서 연애를 할 때도 이런 생각을 하고 있죠. 그 결과, 자신의 성적 욕구를 조금밖에 모르거나 제대로 알지 못하는 경우가 많아요. 이런 여성들은 잠자리에서 자신의 마음에 전혀 들지 않는 행위도 그냥 허용할 때가 있습니다. 오르가슴을 느낀 척 파트너에게 연기하기도 해요. 이런 행동이 그를 행복하게 해 준다고 믿고서요.

미국에서 5만 2000여 명을 대상으로 지난달에 오르가슴을 느꼈는지 조사했습니다. 그렇다고 대답한 이성애자 남성들은 95퍼센트였지만, 이성애자 여성은 65퍼센트에 그쳤어요. 차이가 30퍼센트였죠. 이 결과는 남성이 자신의 쾌락을 여성의 쾌락보다 더 중요하게 여긴다는 사실을 보여 줘요. 같은 질문에 그렇다고 대답한 레즈비언들은 86퍼센트였기 때문입니다.

여성과 남성끼리의 사랑만 있을까?

2015년 여름, 아주 많은 사람들이 《브라보》의 조언에 분노했습니다. 그러자 편집부는 그 기사를 인터넷에서 내리고 사과했어요. 그러나 이 연애 조언이 여자아이는 남자아이를, 남자아이는 여자아이를 사랑하는 걸 아주 당연한 전제 조건으로 삼았다는 지적은 그다지 화제가 되지 않았지요. 아마 이성애가 표준으로 받아들여지기 때문일 거예요. 여성 잡지와 남성 잡지에 나오는 섹스 조언들도 언제나 이성애자를 대상으로 해요. 우리 사회는 사랑과 섹스에 관해서 여자는 남자를, 남자는 여자를 원한다는 상상을 저절로 하기 때문이죠. 레즈비언과 게이, 양성애자와

다양한 성 정체성

나는 누구에게 반할까? 누굴 원할까? 이런 감정을 '성 정체성'이라고 합니다. 이성애자 남성과 여성은 다른 성별에 감정적으로나 성적으로 매력을 느껴요. 게이는 남성을, 레즈비언은 여성을 사랑하죠. 양성애자는 남성과 여성 모두에게 끌립니다. 범성애자는 상대방의 성 정체성에 관계없이 사랑하며, 무성애자는 다른 사람들에게 성적으로 전혀 또는 거의 끌리지 않죠. 하지만 무성애자 중에도 감정적인 연결은 원하는 사람이 많아요.

범성애자와 무성애자는 잊힙니다. 이런 사회적 규정을 이성애 중심주의라고 불러요. 남성과 여성 사이의 사랑만 정상이라고 본다는 뜻이에요.

이성애 중심주의는 게이와 레즈비언을 대하는 태도에서도 드러납니다. 2016년에 독일에서 시행된 한 설문 조사에서 응답자의 약 10퍼센트는 동성애가 부도덕하다고 대답했고, 거의 다섯 명 중 한 명은 부자연스럽다고 했어요. 설문 조사에서 모든 사람이 솔직하게 혐오감을 드러내지는 않으므로, 아마 더 많은 이들

오드리 로드(1934~1992년)

"흑인, 레즈비언, 페미니스트, 전사, 시인, 엄마."
오드리 로드는 스스로를 이렇게 묘사합니다. 작가이자 활동가인 그는 미국 뉴욕 할렘 지역에서 자랐고, 일찌감치 첫 번째 시를 썼습니다. 수필과 시 쓰기 활동을 통해 70년대와 80년대에 아주 중요한 페미니즘 이론가가 되었어요. 로드의 모든 작업은 '차이 이론'에 기초를 두고 있어요. 그의 견해에 따르면 사람들은 차이로 나뉘는 게 아니라, 이 차이를 깨닫고 인정하고 살아가는 총체적 능력에 의해 나뉩니다. 생애 마지막 몇 년인 1984년부터 1992년까지 로드는 정기적으로 베를린에 머물면서, 독일 흑인 운동 단체를 세우는 데 적극적으로 지원했어요.

이 이렇게 생각할 거예요. 비밀이 좀 더 잘 유지되는 상황에서는 게이와 레즈비언에 적대적인지 물으면 더 많은 사람들이 그렇다고 대답합니다. "동성애자들이 자신의 성생활에 대해 요란하게 떠드는 걸 멈춰야 한다."라는 진술에 응답자의 거의 44퍼센트가 찬성했어요.

결혼 제도가 물려준 유산

오늘날에는 결혼을 낭만적이라고 생각하는 사람들이 많습니다. '한결같이 사랑할 것을 맹세합니까?'라는 질문에 '예, 그러겠습니다.'라는 대답은 한 쌍의 아름다운 결실로 여겨지죠. 결혼식이 한 여자의 인생에서 가장 아름다운 날이라는, 그러니 결혼식과 피로연에 아주 큰돈을 써도 된다는 말은 웨딩 플래너만의 주장이 아니에요. 그런데 이런 낭만은 상당히 근대적인 산물입니다.

원래 결혼은 냉혹한 경제 공동체를 이루는 일이었고, 또한 완전히 가부장적인 제도였습니다. 전자는 오늘날에도 부부의 경제적 권리와 의무에서, 후자는 결혼식에서의 전통과 관례에서 볼수 있어요. 결혼식에서 때때로 신부의 아버지는 딸을 신랑에게 건네주지요. 여자가 남자에게서 남자에게로 넘겨지는 거예요.

결혼의 기초가 사랑이라는 생각은 19세기에 이르러서야 생겨났습니다. 그 전에는 결혼을 친척들이 주선했어요. 결혼은 경제적인 합의에 기반을 둘 때가 많았죠. 여성은 결혼과 함께 남성의 성적 소유물이 되었습니다. 결혼했다고 해서 남성이 여성의 성적 소유물이 되진 않았어요. 신부는 신랑과 눈높이가 같은 파트너가 아니라, 남편에게 속한 일종의 소유물이었던 것입니다. 이런 상황은 20세기 후반부까지도 어느 정도 유지됐어요.

결혼 제도는 결혼 증서가 없는 연애 관계에 대한 우리의 생각까지도 지배합니다. 우리 사회에서 교제란 오로지 두 사람만의 독점적인 관계라는 생각이 통용되지요. 파트너에 대한 성적인 독점권이 포함되는 사랑의 연합이라고 정의하고요. 성적인 정절은 사랑의 표현이라고 이해됩니다. 이와 달리 독점적이지 않은 관계는 많은 사람에게 상상 너머의 일이에요. 그래서 열린 관계나 폴리아모리 상태로 지내는 사람들은 거부감이나 선입견에 부딪혀요. '폴리아모리'는 모든 당사자의 동의를 얻어 여러 명과 낭만적이거나 성적인 관계를 맺는다는 뜻이지요. 이 대안적인 관계 유형에 대해 다른 사람들이 어떻게 생각하든, 당사자들의 동의가 가장 중요합니다.

동의: 'Yes means yes'

동의의 전제 조건은 대화입니다. 그러나 하필 섹스에서는 무거운 침묵이 지배할 때가 많지요. 질문 몇 가지만 하면 동의 구하기는 간단해요. 너, 원해? 내가 키스해도 될까? 여기 만져도 돼? 이렇게 하면 좋아?

이런 질문을 하기가 창피하다고요? 아니면 낭만적이지 않다고요? 할리우드 영화들은 멋진 섹스란 가쁜 숨소리만 조금 들릴 뿐, 말없이 이루어진다고 암시하죠. 당사자들이 몇 년 전부터 아는 사이든 오늘 밤에 처음 만났든, 현실에서 이런 독심술이 늘 성공하는 건 아닙니다. 묻지 않으면 자기 행동이 상대방 마음에 드는지 어쩐지 어떻게 알겠어요?

페미니스트 재클린 프리드먼과 제시카 발렌티는 적극적으로 동의를 얻어 내는 게 훨씬 낫다고 말합니다. 두 사람은 예전의 페미니즘 표어 "싫다는 싫다라는 의미다.No means no"를 "좋다는 좋다라는 의미다.Yes means yes"로 바꾸었어요. 섹스를 하기 전에 언제나 먼저 명확하게 '좋다'라는 동의부터 얻어야 한다는 뜻이지요. 키스하는 거 '좋다', 옷을 벗는 거 '좋다', 함께 자는 거 '좋다'라는 동의를요.

스웨덴에서는 이제 "좋다는 좋다라는 의미다."가 법률이 되었습니다. 성행위에 대한 동의는 언어나 행동으로 할 수 있는데, 뭐가 되었든 일단 동의부터 얻지 않고 성행위를 하려 들면 처벌받지요.

"섹스는 자발적이어야 하고, 자발적이 아니라면 불법이다."

스웨덴 총리 스테판 뢰벤은 이렇게 설명했습니다. 독일의 많은 대중매체들은 이 입법이 지나치다고 했어요. 보수적인 잡지 《벨트》는 "스웨덴이 성적인 올바름이라는 면에서 극단으로 치닫는다."고 평가하고, 섹스를 하기 전에는 언제나 서면으로 동의를 얻는 게 낫겠다고 비꼬았지요.

서면 동의는 전혀 필요하지 않아요. 동의가 어떻게 작동하는지는 수백만 명이 이미 본 영상이 설명해 주지요. 이 영상은 섹

사랑을 나눌 때는 적극적인 동의가 필요해!

YES MEANS YES!

스를 함께 차를 마시는 일로 비유했습니다. 우리는 차를 마시자는 제안을 거절할 수 있어요. 마시기는 하지만 끝까지 마시고 싶지 않을 수도 있죠. 의식이 없는 사람은 절대 차를 마시고 싶어 하지 않습니다. 그런데도 그들 입에 차를 들이붓는다면 이는 분명히 폭력이죠. 섹스도 이와 똑같아요.

"좋다는 좋다라는 의미다."라는 원칙으로 모든 성폭력을 막을 수는 없습니다. 성폭력은 오해 때문이 아니라, 충분히 의식하면서도 경계를 넘어 권력을 행사하려는 경우가 많기 때문이죠. 그렇다고 해도 이 원칙은 당사자 모두가 좋아하는 일만 하려는 사람들에게는 도움이 됩니다.

재클린 프리드먼은 다음과 같이 말했습니다.

"성폭력 피해자에게 큰 소리로 충분히 저항했는지 묻는 대신, 우리는 이렇게 묻는다. '가해자가 동의를 얻었는가?'"

[미투]
여성을 향한 폭력

◆

언제나 여성들이 애를 써야 하고 자기 이야기를 해야 한다. 남성이
여성에게 끔찍한 일을 했다고 인정하는 경우는 결코 없다.

니나 파워 『도둑맞은 페미니즘』에서

"남성 여러분, 성폭력으로부터 자신을 보호하기 위해 매일 어
떤 일을 합니까?"

미국의 페미니즘 작가이자 영화감독인 잭슨 카츠는 강연을
할 때마다 이 질문을 던집니다. 질문을 받은 남성들은 부끄러움
을 느끼며 침묵으로 반응해요. 이건 혹시 유도 심문일까, 하고
요. 이따금 농담처럼 교도소에 가지 않으려고 애쓴다고 대답하
는 사람도 있죠. 그런데 항상 누군가는 손을 들고서 자기는 스스

로를 보호하기 위해 아무것도 하지 않는다고, 이 주제에 관해 전혀 생각하지 않는다고 무심하게 대답합니다.

그러면 카츠는 참석한 여성들에게 같은 질문을 해요.

"성폭력을 예방하기 위해 뭘 합니까?"

순식간에 많은 여성들이 손을 들고 대답합니다. 어두워지면 조깅하러 나가지 않는다, 무슨 옷을 입어야 할지 고민한다, 1층에는 절대 살지 않을 것이다, 하고요. 이외에도 더 있어요. 몇 명씩 함께 외출하고, 술을 너무 많이 마시지 않게 조심하고, 자기 음료수에서 눈을 떼지 않고, 후추 스프레이를 가지고 다니고, 거리에서 남자들과 눈이 마주치지 않으려 피하고……

잭슨 카츠는 이 질문을 이미 수백 번 던졌어요. 질문을 받은 남성들은 보통 알지 못했던 일을 자각하게 되지요. 성폭력에 대한 불안이 여성들의 일상에 드리워 있다는 사실을요. 정도의 차이는 있지만, 스스로를 보호하기 위해 여성들은 자신의 행동이나 생각을 심하게 제한합니다.

여성은 성폭력을 두려워할 이유가 충분히 많습니다. 그 사실은 여러 면에서 드러나지만, 2004년에 시행된 한 연구도 알려 줘요. 독일에 사는 여성 일곱 명 중 한 명은 16세 이후로 성폭력을 경험했어요. 신체적 압박과 위협을 동반한 폭력이었지요. 피해자들은 성교와 심한 신체적 접촉과 포르노를 흉내 낼 것을 강요받았습니다. 설문에 참가한 전체 여성의 58퍼센트, 그러니까 절반 이상은 최소한 한 번 이상 성희롱을 당했어요. 외설적인 전화 통화나 메시지에서 성적 불쾌감을 느꼈다는 뜻이에요. 또는 누군가 자신을 만지거나, 자기 뜻에 어긋나게 키스하려고 시도하거나, 또는 성관계를 맺지 않으면 직장에서 승진하는 데 불이익을 줄 거라고 암시하는 경우도 있었지요. 또는, 또는, 또는…….

이 모든 것은 성폭력입니다. 성폭력은 흔히 말하는 강간뿐만 아니라 성추행, 성희롱, 성적인 폭력이나 불이익을 모두 포괄해요.

여성이 성폭력을 당할 때 가해자는 거의 언제나 남성입니다. 앞에서 언급한 연구에서 피해 여성들의 99퍼센트는 가해자가 한 명 또는 여러 명의 남성이었다고 응답했어요. 가해자가 한 명 또는 여러 명의 여성이었다고 대답한 경우는 1퍼센트 미만이었습니다.

성폭력은
성추행, 성희롱,
성적인 폭력이나
불이익을 모두 포함해!

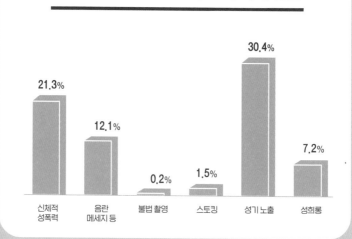

대한민국 여성의 평생 성폭력 피해 경험

30.4%

21.3%

12.1%

0.2%   1.5%   7.2%

신체적   음란   불법 촬영   스토킹   성기 노출   성희롱
성폭력   메세지 등

*'2016년 전국 성폭력 실태조사'(여성부), 19~64세 여성 5400명 조사.

와인스틴 사건과 그 결과

성폭력의 규모에 대한 논쟁은 '미투'라는 표제어 아래 2017년 가을 이후로 계속되고 있습니다. 이 논쟁의 시작은 할리우드에서 막강한 권력을 지닌 한 남자의 추문이었어요. 2017년 10월 5일, 《뉴욕타임스》에 영화제작자 하비 와인스틴의 성범죄 기사가 실렸습니다. 피해자 중에는 영화배우 애슐리 저드와 로즈 맥고언도 있었지요. 며칠 후에 잡지 《뉴요커》는 와인스틴에게 성범죄 피해를 당한 다른 여성들에 대해서도 보도했습니다. 여성 세 명이 그를 강간으로 고소했어요. 영화배우 앤젤리나 졸리와 기네스 펠트로 역시 와인스틴에게 성추행을 당했다고 폭로했지요. 업계에서 영향력이 막강한 와인스틴이 이력을 막 시작하는 젊은 여성 배우들을 대상으로 성범죄를 저질렀다는 사실이 눈에 띄었습니다.

첫 기사가 나간 지 열흘째인 10월 15일, 배우 앨리사 밀라노는 트위터에 성폭력을 '#미투'라는 해시태그로 알리자는 의견을 냈습니다. 다른 여성들에게도 참여하자고 권하면서요. 밀라노는 트위터에 다음과 같이 썼어요.

"성폭력을 겪은 모든 여성이 '미투'라고 적는다면, 이 문제가 얼마나 광범위하게 퍼져 있는지 많은 사람들이 알 수 있을 것이다."

'미투'라는 표어는 활동가인 타라나 버크가 성폭력을 알리기 위해 몇 년 전에 이미 사용한 말이었죠. 그런데 이번에는 전 세계적으로 유명해졌습니다. 24시간 내에 20만 번 이상 리트윗 되었지요. 하루 뒤에는 50만 건 이상의 '#미투' 트윗이 뒤따랐고요.

수많은 사람이 이 해시태그를 사용합니다. 아주 많은 여성들 그리고 많은 남성들도 짧은 말로 자신의 경험을 이야기하죠.

"파티가 끝난 뒤에 동료 집에서 잤다. 그는 밤새 내 가슴을 만지려고 했다."

"예전에 요식업계와 서비스업계에서 아르바이트를 했다. 늦은 시간에는 사람들이 야수가 되었다."

"나는 그때 겨우 여덟 살이었다. 누군가 공격하거나, 움켜쥐거나, 희롱하거나, 괴롭히거나, 위협하는 걸 당하지 않은 여성이 있기는 한지 모르겠다."

"열세 살 때 거리에서, 열일곱 살 때 클럽에서. 청바지와 미니스커트를 입고 있었고, 남성들에게, 낯선 사람과 친구에게."

'미투' 논쟁은 다양한 방향으로 계속 전개됩니다. 권력이 막강한 다른 유명 인사들도 성희롱과 강간과 성적 학대 혐의를 받게 되었지요. 하비 와인스틴은 지금까지 100명 이상의 여성들에게 성범죄를 저질렀다고 비난받습니다. 그는 일탈 행위는 인정했지만, 동의를 얻지 않은 섹스를 했다는 혐의는 지금까지도 부인하고 있어요. 하지만 하비 와인스틴은 2020년 3월에 1심 재판에서 23년형을 선고받았지요.

성폭력뿐 아니라 성차별에 대한 논쟁도 '#미투' 해시태그 아래 서서히 전개되었죠. 그때 트위터로 전파된 경험은 분노를 불러일으켰고요. 많은 사람이 피해자들에게 공감을 표시하고 그들과 연대했어요.

'미투'에 대한 역풍

'미투' 논쟁에는 너무 많은 것이 뒤섞였다고 생각하는 사람들이 있습니다. 이들은 '미투' 운동에 나선 사람들 가운데 강간 피해자도 있지만, 잠시 자신의 가슴께에 머문 타인의 시선을 느낀

이들도 있다고 말하죠. 그러고는 강간 피해자가 분노하는 건 옳지만 단지 가슴에 어떤 시선을 느낀 경험을 '미투'라고 이름 붙여 이야기하는 건 완전히 과장이라고 주장해요. 이 주장은 이른바 '정당한' 피해자와 '부당한' 피해자를 구분하므로 이상합니다. 또한 이들은 '미투' 운동이 모든 사건을 동일하게 끔찍하다고 주장하는 게 아니라는 점을 간과하죠. '미투' 운동은 아주 많은 여성이 성폭력을 겪고 사회에서 성차별을 체감하는 데에 구조적인 문제가 있음을 보여 줍니다.

게다가 '미투 시대에 남자는 어떻게 데이트를 하지?' 라며 걱정하는 사람들도 있어요. 이런 걱정은 남성들이 데이트를 잠재적인 성적 침해로 상상한다는 것을 무심결에 알려 주죠. 사냥꾼인 남자가 새침 떠는 여성에게 끈질기게 치근덕대어 언젠가는 손에 넣는다고 생각하는 거예요. 이는 아름다운 데이트 장면이 아니라, 페미니즘에서 '강간 문화'라고 말하는 현상이죠. 강간 문화란 성폭력이 지극히 정상으로 간주되고, 남성이 엉덩이를 움켜쥐면 그건 사실 칭찬이므로 여성이 펄쩍 뛸 필요가 없다고 생각하는 것을 의미합니다.

'미투' 논쟁에서는 여성들이 SNS에서 피해자 역할을 하는 대신 스스로를 방어해야 한다는 항변도 늘 나옵니다. 그러나 스스로를 방어한다는 건 간단하지 않아요. 오스트리아에서 일어난 한 사건이 이를 잘 보여 주죠.

녹색당 정치가였던 지기 마우러는 어떤 가게 주인에게서 외설적이고 성차별적인 페이스북 메시지 두 개를 받았어요. 그 남자의 수제 맥주 가게를 지나다가 남성들에게 성희롱과 무례한 일을 당한 뒤였습니다. 메시지에는 "안녕, 당신 오늘 내 가게를 지나가다가 먹고 싶다는 듯이 내 거시기를 보더군."이라는 말을 비롯해 끔찍한 표현이 담겨 있었어요. 마우러는 메시지 발신인의 이름이 보이는 캡처 사진을 공개했습니다. 그러면서 이런 표현은 증인이 없는 한 오스트리아 법으로 처벌받지 않으므로 캡처 사진을 공개했다고 말했지요. 메시지를 공개하는 것 말고는 달리 방법이 없었다는 거죠. 가게 주인은 마우러를 고소했어요. 자신은 그 메시지를 쓰지 않았고 누가 썼는지도 모른다고 하면서요. 자기 컴퓨터는 가게에 있고, 누구나 사용할 수 있다고도 했죠. 마우러는 '무고죄' 판결을 받았습니다. 판사는 판결 이유로, 가게 주인이 거짓말을 한다고 생각은 하지만 그 메시지를 정말 그 가게 주인이 보냈는지는 증명되지 않았다고 했어요. 마우러가 중요한 이유에서 행동한 것은 맞지만, 가게 주인이 정말 발신인이라는 '진실 증명'을 하지 못했다는 거였죠. 자신을 방어하는 것이 얼마나 어려운지 보여 준 지기 마우러 사건에 많은 사람이 분노했습니다.

성폭력을 밝히는 여성의 말을 사람들이 모두 믿는 것은 아니에요. 오히려 거꾸로 '미투' 논쟁이 모든 남성을 '일반화하여 의심한다'는 비판을 받지요. 이 비판은 여성들에 대한 근본적인 의심을 드러내요. 여성이 남성에게 해를 입히려고, 아무 근거 없이 성적 침해를 했다며 비난한다는 거예요. 이런 일도 일어나기는 합니다. 이 일을 당한 남성은 끔찍한 경험을 하죠. 그러나 현실에서 이런 모함은 아주 드물어요. 이에 비해 유명한 남성에게 강간당했다고 공개하는 거의 모든 여성은 강간이 사실이 아니거나 복수심에서, 또는 관심을 받으려는 욕망 등 불순한 의도가 있다는 의심을 받지요.

강간 고소 중에 2퍼센트에서 8퍼센트는 모함으로 간주됩니다. 여기서 고소되었다는 점이 중요해요. 대부분의 강간은 고소까지 가지도 않거든요. 이유는 많은데, 이런 재판이 심리적으로 매우 부담스럽기 때문이기도 하고, 가해자가 가까운 사람이라서 피해자가 고소를 꺼리기 때문일 수도 있습니다. 피해자는 사람들이 자기 말을 믿어 주지 않고 무고라고 생각한다는 이유만으로 불안한 게 아니에요. 강간은 일반적으로 증인이 없고 증거가 충분하지 않은 범죄죠. 판사는 오직 양쪽의 진술만을 듣고 판결을 내려야 하는 경우가 대부분이에요. 그래서 무고한 남성이 강간 모함을 받는 경우보다 가해자가 판결을 받기는커녕 고소도 되지 않는 경우가 무척 흔합니다.

'미투'를 지우려는 목소리들

너, 어떤 옷을 입고 있었어?

성폭력에서는 책임이라는 말이 중요한 역할을 해요. 피해자도 성폭력에 책임이 있다는 판단이 자주 내려지죠. 이를 '피해자 책임 전가'라고 합니다. 예를 들면 이런 말들이죠.

"왜 그 남자랑 함께 집으로 왔지?"

"왜 그렇게 늦게 혼자 다녔어? 택시를 탔어야지."

전형적인 논거는 이래요.

"그렇게 옷을 입고 다니면 그런 일을 당해도 싸다!"

이런 주장은 피해자의 행동이 성폭력을 불러일으켰다고 암시합니다. 책임이 피해자에게 옮겨지고, 가해자의 책임은 시야에서 사라져요. '뒤바뀐 가해자와 피해자'는 성폭력에 대한 잘못된 상상과 밀접한 관계가 있습니다. 강간이라면 낯선 사람이 밤에 공원에 숨어 짧은 치마 차림의 젊은 여성을 기다리는 모습을 상상하는 사람이 아주 많아요. 이런 경우도 물론 있긴 하지만 전형적인 모습은 아닙니다. 옷차림이 강간 피해 가능성과 연관이 있다는 증거는 없어요. 또한 성폭력에서 가해자는 대부분 피해자의 주변 사람이에요. 친구 또는 좀 아는 지인, 동료 또는 가족 중에 한 명일 수도 있죠. 가장 흔한 가해자는 피해자의 파트너이거나 예전 파트너예요.

여성을 괴롭히는 데이트 폭력

한 여성의 삶에서 가장 위험한 남자는 공원에 있는 낯선 사람이 아니라 파트너입니다. 물론 이 말이 모든 남자 친구와 남편에게 적용되는 건 아니에요. 그러나 통계적으로 보면 여성에게 성행위를 강요하고, 때리거나 밀고, 걷어차거나 물건을 던지는 사람은 바로 파트너죠. 성폭력과 마찬가지로, 여성을 대상으로 한 신체적 폭력의 가장 흔한 가해자는 파트너 또는 예전 파트너입니다.

세계보건기구WHO는 여성에 대한 폭력 행위 대부분은 파트너 관계에서 발생한다고 추정해요. 파트너와 함께 생활한 경험이 있는 여성 세 명 가운데 한 명은 파트너에게 신체적인 폭력이나 성적인 폭력, 또는 이 두 가지 폭력 모두를 당한 적이 있습니다.

이런 폭력은 여성의 죽음으로 끝나는 경우도 있어요. 대중매체를 통해 연인이나 부부 간 범죄가 지속적으로 보도되죠. 이 모든 사실은 폭력에서 스스로를 보호하기 위한 여성들의 노력이 중요하지 않다는 것을 말해 줍니다. 가해자의 행위가 중요하죠. 남자들이 여성을 희롱하는 걸 멈춰야 해요. 강간을 멈춰야 하고, 살해를 멈춰야 합니다.

우리의 일은 공평할까?

◆

여성들은 더 많이 일하지만 더 적게 받을 때가 많다.

카타리나 바를레이, 독일 사회민주당 정치가이자 법무부장관

학교를 졸업한 뒤 무슨 일을 할 건가요? 남녀의 직업은 성별에 따라 다른 패턴을 보여요. 성별에 따른 직업의 차이는 수십 년 동안 집요하게 유지되었습니다. 요양과 보육, 청소와 단순 사무직은 여성 영역이고, 기술과 제조업 분야는 남성 영역이죠.

대학교에서도 명백한 차이가 있습니다. 여성은 국문학과 교육학과 심리학을, 남성은 기계공학과 컴퓨터공학과 전기공학을 전공으로 많이 선택합니다. 여성은 어학과 문화학, 사회학과 건강

및 사회봉사 분야에 집중되고, 남성은 수학과 정보통신, 자연과 학과 기술 분야에서 다수를 차지해요.

프로그래밍? 여자가 하는 일!

남성은 기계를 다루는 일을 하고, 여성은 다른 사람을 돌보는 일을 해요. 전공과 직업 선택에서 성별 분포를 보면 이 말은 맞는 것 같기도 하죠. 하지만 어떤 직업의 지위가 달라지면 상황도 바뀝니다. 공교롭게도 오늘날 남성 영역인 프로그래밍은 1960년대에는 전형적인 여성 직업이었어요. 프로그래밍은 지위가 낮은 사무직으로 간주되어서 여성들이 많았지요.

프로그래밍은 원래 여성에게 이상적으로 보였어요.

"프로그래밍은 저녁 식사를 준비하는 것과 같다. 미리 계획을 짜고, 시간 맞춰 준비를 끝내야 한다. 이 일은 인내심과 세부 사항을 보는 시야가 있어야만 할 수 있다. 여성들은 프로그래밍에 천부적 재능을 지니고 있다."

컴퓨터 공학자 그레이스 호퍼는 1967년에 여성 잡지《코스모

폴리탄》 미국판에서 이렇게 말했어요. 의도하지 않았겠지만, 호퍼의 말은 오늘날 관점에서 보면 매우 성차별적이죠. 그런데 이와 동시에, 성별에 따라 직업을 나눈다는 것이 얼마나 제멋대로인지도 보여 줍니다.

컴퓨터가 점차 중요해지면서 점점 더 많은 남성들이 IT 분야로 몰려왔습니다. 프로그래머는 지위가 높은 직업이 되었고 이에 맞게 보수도 좋아졌어요. 초기에 프로그래밍을 하던 여성들은 잊혔고요. 2017년에 구글의 어떤 개발자가 여성과 남성의 임금격차는 정당하다고 글을 써 사내에 유포했어요. 여성은 '생물학적 이유'에서 공학 분야 일에 재능이 부족하다는 주장이었죠. 이 사람은 그 후 해고됐습니다.

프로그래밍의 역사는 이른바 여성적인 일이 남성적인 일로 변할 수 있다는 사실뿐 아니라, 우리 사회에서 여성의 일은 남성의 일보다 보수가 낮다는 것도 보여 주지요. 프로그래밍이 남성적인 분야로 바뀌었을 때 지위와 보수가 오른 걸 보세요! 성별과 보수의 연관성은 디자인 같은 직종에서도 드러나요. 이 분야는 프로그래밍과는 반대 경로를 겪었지요. 여성적인 분야로 바뀐 거예요. 그러자 평균 임금이 34퍼센트 감소했습니다. 이런 흐

도대체 페미니즘이 뭐야?

름은 전형적이에요. 생물학 분야에 여성들이 점점 많아지자 생물학자들의 보수도 18퍼센트 낮아졌죠.

동일 노동이면 동일 임금?

여성이 한 시간 일한 가치는 남성이 같은 시간 동안 일한 가치와 똑같아야 하지 않을까요? 그렇다고 대답하는 사람들은 성별에 따른 임금 차이에 직면하고 다음과 같은 결론을 내리죠.

'2019년 독일에서 여성들은 3월 18일까지 무보수로 일했다!'

1년 동안 여성과 남성의 임금 차이를 계산하면, 남성들이 1월 1일부터 임금을 받는 데 비해 여성들은 3월 18일 이후부터 임금을 받는 셈이에요. 여성과 남성의 시급이 21퍼센트 차이 납니다.

여성이 돈을 이렇게 조금 버는 이유가 뭘까요? 여성이라는 이유로 명백하게 차별당하는 경우들이 있기 때문입니다. 독일의 신발 브랜드 버켄스탁 자회사는 여성들에게 임금을 체계적으로 적게 지급했어요. 2013년까지 여성 직원은 남성 직원에 비해 1유로(약 1300원) 정도 낮은 시급을 받았습니다. 이와 같이

명백한 차별로 드러나기도 하지만, 대부분 **성별 임금격차**를 불러 일으키는 데는 다른 요소가 작용하죠.

일단 평균 시급을 계산할 때는 모든 직업과 직급이 동일하게 취급됩니다. 하지만 여성은 남성에 비해 보수가 낮은 분야에서 일할 때가 많아요. 임원으로 승진하는 경우는 드물고, 시간제 근무(파트타임)나 초단시간(미니잡) 고용 형태가 흔하죠. 임원 회의에서 '여성에게 임금을 덜 주자.'라고 결정하지 않아도 이 모든 일은 평균 시급에 영향을 미쳐서, 여성은 근본적으로 적은 임금을 받습니다. 그래서 어떤 사람들은 여성과 남성의 직종과 직책이 다르기 때문에 임금격차가 난 것뿐이라고 주장해요. 그런데 직종과 직책을 반영한 임금격차 통계에서도 여성과 남성이 받는 임금에 차이가 있었어요. 독일의 경우, 같은 분야, 같은 위치에서 똑같이 일하는 남녀 사이에 평균 6퍼센트의 임금격차가 있었습니다.

이런 임금격차의 책임을 여성에게 돌리는 경우가 많아요. 남성처럼 여성도 자부심을 가지고 임금 협상을 해야 한다는 거예요. 문제는 이렇게 간단하지 않죠. 오스트레일리아의 한 연구는 더 많은 임금을 요구하는 여성이 남성에 비해 퇴짜를 맞는 경우가 흔하다는 사실을 보여 줍니다. 이 연구에서는 매니저가 높은 임금을 요구하는 여성과 함께 일하기 좋아하지 않는다는 사실이 드러났어요. 이런 여성은 친절하지 않고, 요구가 많을 거라고 의심받기 때문이에요.

어쨌든 중요한 것은 여성이 더 적은 임금을 받는다는 사실입니다. 그 결과 여성들은 노년에 빈곤에 처할 위험이 커요. 수입이 적으면 나중에 연금도 적게 받는데, 시간제 근무를 하면 연금

대한민국 성별 임금격차

남성이 1월 1일부터 임금을 받는다면?
여성은 5월 4일부터 임금을 받는다!

<u>100</u>
남성

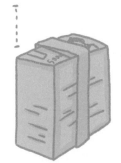

<u>65.4</u>
여성

<u>34.6%</u>
남녀 임금격차

출처 : OECD 성별 임금격차(2017년)

은 더욱 줄어듭니다.

또한 성별 임금격차는 새로운 질문을 던져요. 사람을 돌보는 일을 한다고 기계와 일하는 것보다 적은 임금을 받는 게 과연 정당할까요? 왜 여성들은 시간제 근무를 많이 할까요? 여성 사장이 드문 원인은 뭘까요?

여성도 여성을 과소평가한다?

여성은 업적에 따라 승진하지만, 남성은 가능성을 본다는 말이 있어요. 여성은 자신의 업무 수행 능력을 증명해야 하지만, 남성은 신뢰감을 선불로 즐긴다는 뜻이지요. 실제로 양성 모두 직업 세계에서 남성에 비해 여성을 덜 신뢰합니다. 이는 특정한 사회적 집단을 향한 '무의식적 편견' 연구가 보여 주지요.

성별에 따른 진부한 전형성을 남녀 모두 내면화한 결과, 누군가를 평가할 때 무의식적으로 그 전형성을 따릅니다. 미국에서 시행된 실험에서 127명의 남녀 과학자는 실험실 팀장 자리에 지원한 익명의 지원자들을 판단해야 했습니다. 지원자의 능력

> ## 유리 천장, 유리 승강기
>
> 기업에서 여성의 경력은 대부분 중간 임원진에서 끝납니다. 직급이 올라갈수록 남성이 차지하는 비율은 거의 100퍼센트에 가까워져요. 여성은 꼭대기까지 올라가지 못하는데, 그 이유는 잘 드러나지 않지요. 이렇듯 여성들에게 해당되는 눈에 보이지 않는 장애물을 '유리 천장'이라고 부릅니다. 거꾸로 남성들은 사회복지와 요양처럼 여성이 압도적으로 많은 분야에서도 거의 저절로 승진해요. 이른바 '유리 승강기'는 남성들을 위로 실어 나릅니다.

을 예상하고 누굴 채용할지, 임금은 얼마나 줄지 대답하는 조사였어요. 심사 서류에는 남자 대학생 또는 여자 대학생이라고 성별이 드러나 있었지요. 그 결과, 남성 지원자들이 모든 영역에서 더 긍정적으로 평가됐습니다.

　무의식적인 선입견을 피하기 위해 미국에서는 30여 년 전부터 오케스트라 남녀 지원자들이 커튼이나 칸막이 뒤에서 연주해요. 그때 이후로 여성들이 1차 예선을 통과할 기회는 50퍼센트 늘었고, 그 다음 라운드 진출은 300퍼센트나 늘었지요. 그 결과 오케스트라에서 여성 단원의 비율은 5퍼센트에서 40퍼센트로 늘어났습니다.

도대체 페미니즘이 뭐야?

여성 할당제란?

신규 채용 때는 지원자의 성별을 가리는 것이 여성들에게 도움이 됩니다. 그런데 회사에서 이미 일하고 있는 직원 중에 누구를 승진시키느냐의 문제에서는 성별이 가려지지 않아요. 회사 내에서 임원 자리가 하나 빌 때, 어떤 여성과 남성이 동시에 그 자리에 지원한다면 상사는 이들의 성별을 이미 알고 있죠. 이런 경우에 도움이 될 수도 있는 제도는 **성별 할당제**예요. **여성 할당제**로 더 널리 알려져 있는 이 제도는 한 기업의 임원진 가운데 최소한 40퍼센트는 여성으로, 또는 최소한 40퍼센트는 남성으로 채워야 한다고 규정할 수 있습니다. 이 규정은 회사마다 있을 수도 있고 없을 수도 있어요. 있다고 해도 그 비율은 회사마다 다르죠. 다시 말해 할당제가 언제나 여성에게만 유리한 건 아니에요. 그러나 여성 할당제가 있는 회사에서 만약 여성 할당 비율이 다 차지 않았다면 그 회사의 여성 직원들은 임원 자리가 빌 때 더 확신을 갖고 지원할 수 있겠죠.

2016년부터 독일에서는 '기업 내 여성 고위직 30퍼센트 할당제'가 시행되었습니다. 그러나 이는 일부 기업에만 해당할 뿐이고, 여전히 여성이 팀장이 되거나 최고 관리자가 되는 비율은 낮아요.

인정받지 못하는 가사노동

'성별 임금격차'가 크고 노년층 여성이 가난한 중요 원인 가운데 하나는 시간제 근무를 하는 여성들이 특히 많기 때문입니다. 2017년에 독일의 정규직 여성 46퍼센트는 시간을 줄여서 일했어요. 남성의 경우에는 11퍼센트만 시간제 근무를 했죠. 그런데 이는 여성이 남성보다 일을 조금 한다는 뜻이 아니에요. 여성은 보수를 받지 못하는 일을 많이 하거든요. 청소하고 요리하고 정리하고, 아이들 또는 가족들을 돌보면서 퇴근 후에 무보수로 또 일을 하지요. 가사노동은 누군가 해야 하는 일이니까요.

물론 남성도 집에서 다리를 올리고 편히 쉬는 건 아니에요. 하지만 전체적으로 볼 때 가정에서 누군가 해야 하는 이런 보살핌 노동, 이른바 '돌봄 노동'을 여성이 훨씬 더 많이 합니다. 독일 여성은 매일 평균 4시간 13분 동안 돌봄 노동을 무보수 명예직으

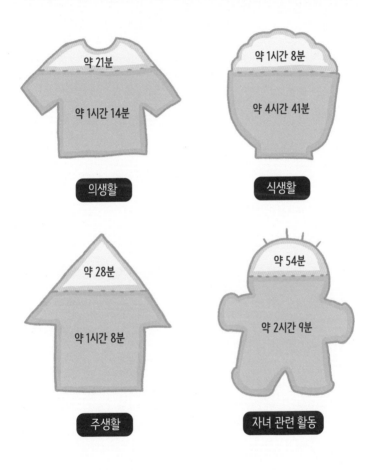

대한민국 여성과 남성의 하루 가사노동 시간

약 21분

약 1시간 14분

의생활

약 1시간 8분

약 4시간 41분

식생활

약 28분

약 1시간 8분

주생활

약 54분

약 2시간 9분

자녀 관련 활동

☐ 남자
◼ 여자

출처 : 한국여성정책연구원(2018)
*정기적으로 가사노동을 수행한다는 응답자에 한함.
*월간 통계를 하루로 계산함.

로 수행해요. 이에 비해 남성의 돌봄 노동 시간은 2시간 46분에 그치지요. 매일 거의 1시간 반이나 차이가 나요. 무보수 '성별 돌봄 격차Gender care gap'는 52.4퍼센트지요. 아이가 있는 경우에 이 격차는 더욱 벌어집니다. 여성들이 훨씬 더 오래 가사노동을 하고 다른 사람들을 돌보므로, 직업적인 일을 할 시간이 줄어들어요. 돌봄 노동은 보수가 없으니 나중에 받을 연금도 적죠. 이는 명백히 불리한 거래예요.

'성별 돌봄 격차'는 성인이 되어서야 생기는 현상이 아니에요. 아동기와 청소년기에도 이미 나타나지요. 독일에서 10세에서 17세까지 여자아이들은 평균 매일 73분씩 가사노동을 돕지만 또래 남자아이들은 48분에 그칩니다. 성인의 생활을 모방하는 거예요.

[모성]
엄마가 될까, 말까?

◆

남성이 경력을 쌓을 때, 아이는 누가 돌보냐고 아무도 묻지 않는다.

젠타 베르거, 오스트리아 영화배우

"우리는 낙태했습니다!"

1971년, 독일의 여성 374명이 잡지 《슈테른》에 자신이 낙태했다고 밝히면서 현행법을 어겼다고 고백했습니다. 터부를 깨고 사회적인 모멸뿐 아니라 형사 기소될 위험까지도 무릅쓴 거예요. 이들이 용기를 낸 덕분에 낙태를 금지하는 법률은, 임신 3개월 이전이라면 허용하도록 1974년에 개정되었지요. 원하지 않은 임신은 특정한 조건에 맞으면 처벌받지 않고 낙태할 수 있게

된 것입니다.

그 이후로 이 법은 끊임없는 공격에 시달려 위헌 판결이 났다가, 다시 낙태가 허용되었다가 하는 등 여러 번 바뀌었습니다. 지금 독일에서 엄마가 되지 않으려는 여성들은 다행스럽게도 외국으로 나가거나 비밀리에 낙태를 해 주는 곳을 찾아가 목숨을 걸 필요가 없게 되었어요. 하지만 여전히 낙태는 불법입니다. 낙태를 할 권리는 지금도 없어요.

빅토리아 우드헐(1838~1927년)

빅토리아 우드헐의 전기는 마치 지어낸 이야기처럼 들립니다. 가난한 부모에게서 태어나 일찍부터 점쟁이로, 그 후에는 치료사로 일했어요. 나중에는 여동생과 함께 뉴욕 최초의 여성 주식 중개인이 됐지요. 두 여성은 또한 주간신문을 발행하여 동등한 권리와 낙태, 매춘과 이중 잣대, 자유연애 등에 관한 글을 썼습니다. 빅토리아 우드헐은 1872년에 미국 대통령 선거에 출마했어요. 미국 역사상 최초의 여성 대선 후보였죠. 그런데 1872년에 여성은 참정권이 없었습니다. 선거 패배는 어찌 보면 당연한 결과였죠. 우드헐은 정적들로부터 '사탄 부인'이라고 비난받았어요. 몇몇 여성 인권론자들도 우드헐의 연애사와 페미니즘 사상을 불편해했지요. 우드헐이 여성들에게 남성에 의한 권리 박탈에 불평하지 말고 자신의 수동성과 싸우라고 요구했기 때문이에요.

낙태: 처벌받지 않으나 합법은 아님

지금 독일에서 낙태는 불법이지만, 처벌받지 않는 예외의 경우도 있습니다. 첫째, 임신으로 인해 임신부의 건강이 심각한 위험에 처하거나 태아에게 장애가 있을 때. 둘째, 강간으로 임신했을 때. 셋째, 의사와의 상담 후 임신 12주 안에 낙태했을 때.

다시 말해서 "내 몸은 나의 것"이라는 오래된 페미니즘 선언은 지금도 독일에서 그저 한정적으로만 수용된 것입니다. 독일보다 훨씬 더 엄격한 낙태 금지 정책이나 법률이 적용되는 국가도 많아요. 그런데 낙태 금지는 아이를 낳게 유도하는 게 아니라, 여성들의 목숨을 위태롭게 해요. 세계보건기구는 매년 약 4만 7000명이 불법 낙태를 받다가 사망한다고 추정합니다.

독일에서 원하지 않은 임신을 한 여성들은 까다로운 조건과 마주하게 됩니다. 전투적인 낙태 반대자들은 '베이비코스트'('베이비'와 독일 나치의 집단 학살인 '홀로코스트'의 합성어)에 반대한다면서 하얀 십자가를 들고 시내를 행진해요. 이들은 임신중절을 이렇게 부르지요. 스스로를 '삶의 수호자'라고 부르는 낙태 반대자들은 플라스틱 태아를 들고, 임신 당사자와 의사를 압박하려고 병원이나 상담소 앞에 자리를 잡습니다. 그 결과 임신중절을 하는 개인병원과 종합병원이 점점 더 줄어들었어요.

게다가 임신중절을 하는 병원을 알아내기도 힘들어요. 의사들은 웹사이트에 자신이 임신중절을 한다고 알릴 수 없습니다. 허용되지 않은 광고로 간주되기 때문이에요. 크리스티나 해넬이라는 독일의 의사가 2017년에 자신의 웹사이트에 임신중절 수술을 한다고 알렸을 때, 6000유로(약 800만 원) 벌금형 판결을 받았지요.

몇 년 전까지만 해도 독일에 사는 여성들은 응급(사후) 피임약을 구하기 힘들었어요. 2015년에 이르러서야 처방전 없이 약국에서 살 수 있게 되었지요. 이 약은 피임 없이 성관계를 한 후에 빨리 먹으면 먹을수록 약효가 확실하므로, 여성들의 '재생산권(임신과 출산 전반에 대한 자기 결정권)'이 크게 개선되었습니다.

독일의 기독민주당 정치가이자 현재 연방 의료부장관인 옌스 슈판은 당시에 처방전 없이 이 약을 파는 데 반대했어요. 응급 피임약은 초콜릿이 아니라고, 부작용이 있으므로 생각 없이 먹으면 안 된다는 주장이었지요. 임신을 원하지 않는 여성들은 혹시 일어날지도 모르는 부작용을 감수할 만큼 위험을 무릅쓰는데, 이런 흥미로운 논거를 내놓다니요. 무엇보다도 옌스 슈판의 주장은 사회가 여성들을 믿지 못한다는 사실을 드러냅니다. 여성들이 책임감을 가지고 자기 몸에 관한 결정을 내린다는 것을요.

임신과 출산에도 조건이 있다?

낙태가 낙인을 찍는 것과 마찬가지로, 언제 누구와 어떤 조건에서 임신을 해야 하는지에 관한 사회적 불문율도 강력합니다. 허용되는 아이 수는 두세 명이고, 여성이 25세에서 35세 사이일 때 출산하는 게 이상적이라고 하죠. 그 전에 교육을 마쳐야 하고요. 아이들의 아빠는 모두 같은 사람이고, 엄마는 그와 지속적이고 안정된 관계를 맺고 있어야 한다고도 해요. 결혼한 상태라면 가장 좋다고 하죠.

이렇듯 완벽한 이성애 소가족에서 벗어나는 모든 경우는 비판적인 목소리를 불러일으킵니다.

"엄마와 아빠가 만난 지 얼마 되지 않았고, 게다가 연인 사이도 아니야?"

"엄마가 아직 학생이라고? 정말 무책임하군!"

"임신부가 마흔 살이야? 아이 건강이 위험하지 않나? 나이 많은 임신부들은 언제나 긴장하던데!"

"정자 기증을 받아서 임신했고, 엄마 두 명이 키운다고? 그러면 아빠가 없잖아."

"넷째 아이를 임신 중이라고? 제대로 책임질 수는 있는지 모르겠네."

"하나만 낳고 더는 낳지 않아? 아이를 외동으로 자라게 하다니, 정말 이기적이야."

아이를 낳을 마음이 없다고 솔직하게 말하는 여성도 이와 비슷한 소리를 자주 들어요. 진담이라고 믿어 주지 않거나, 나중에는 임신을 하고 싶어도 나이가 들어 불가능할 거라는 경고를 듣지요. 또는 아이를 낳지 않으려는 계획은 이기적이라고 비난받습니다. 그렇다면 다른 사람들은 부모가 된다는 상상이 아름다워서가 아니라, 미래에 연금 넣을 사람이 필요해서 아이를 낳기로 했단 말일까요?

엄마라는 신화

엄마 역할에 대한 기대는 지나치게 높습니다. 엄마라면 아이를 사랑해서 헌신해야 하고, 아이의 음식은 사지 말고 손수 준비해야 하죠. 그러나 24시간 아이 옆에 있어야 한다는 것은 직업을 가진 엄마라는 또 하나의 이상형에 일치하지 않습니다. 겨우 주부 역할만 한다면 주변의 기대를 만족시키지 못해요. 요즘 엄마들은 섹시하고 성적 욕망의 대상도 되어야 합니다. 아이를 낳은 후에는 몸매를 최대한 빨리 출산 전과 같이 되돌려야 하고요.

엄마들은 아무리 잘해도 늘 부족하다는 소리를 듣습니다. 다른 사람들이 보기에 어떤 엄마가 자기 아이를 돌보는 데 너무 열중하면 '헬리콥터 엄마'라고 욕을 먹어요. 자신의 경력에 너무 신경을 쓰는 것처럼 보이면 매정하다고 비난받고요. 여유로울 때 카페에서 시간을 보내기라도 하면 경멸의 시선을 받지요. 이렇듯 엄마들을 향한 적대감은 사회적으로 용인됩니다.

흥미롭게도 아빠를 대상으로 하는 비슷한 용어는 거의 없어요. '맘충'은 있는데 '파충'이라는 용어는 없죠. 이런 현상은 아이를 돌보는 사람은 여성이라는 생각이 우리 사회에 얼마나 깊게

뿌리내려 있는지 보여 줍니다.

가정과 일, 조화롭게 할 수 있을까?

많은 여성과 남성은 아이를 원합니다. 2012년 독일의 잡지 《브리기테》는 1978년에서 1992년 사이에 태어난 젊은이들에게 인생 계획을 물었어요. 여성의 85퍼센트가 아이가 있는 가정을 꾸리는 게 중요하다고 대답했지요. 같은 대답을 한 남성은 82퍼센트로, 여성과 거의 비슷한 수치였고요. 그러나 설문 조사에서 여성 두 명 중에 한 명 이상이 "아이가 있으면 경력을 제대로 쌓을 수 없다."라는 문항에 그렇다고 대답했습니다. 남성들은 그렇다는 대답이 훨씬 적었지요. 가정과 일의 조화는 여전히 여성들에게 더 어려운 상황이니 이런 결과는 당연해요. 이 현상의 원인은 무엇보다도 출산 후에 전통적인 성 역할로 돌아가는 사람들이 많기 때문이죠. 남성은 계속 경력을 쌓고, 여성은 일을 하는 시간을 줄이고 아이를 돌보는 것처럼요.

아이가 태어나면 바로 이런 생활이 시작됩니다. 독일에서는 거의 모든 엄마가 육아휴직을 쓰지만, 아빠들은 세 명 중 한 명만 직장을 쉬어요. 나머지 두 명은 온전히 엄마만 아기를 돌본다는 뜻이에요.

육아휴직이 끝나도 성 역할 분담이 그대로 지속되는 경우가 많아요. 육아와 일은 조화를 이루기 어렵기 때문이에요. 일과 가정의 조화를 위해 부모는 일하는 시간을 줄여야 하지만, 부모 양쪽이 같은 정도로 줄이지는 않아요. 자녀가 있는 여성은 자녀가 없는 여성에 비해 시간제로 근무하는 비율이 두 배나 높아요. 아빠의 경우는 반대죠. 아이가 생기면 일을 더 많이 해요. 아이 없는 남성에 비해 시간제 근무를 하는 일이 드물지요.

이 모든 일이 계획된 것은 아닙니다. 아이가 태어나기 전에 양육을 공평하게 하자고 굳게 마음먹은 남녀도 이런 역할 분담에 빠지게 되지요. 그 이유가 뭘까요? 경제적인 측면에서 원인을 찾을 수 있습니다. 여성이 가사노동을 하고 남성이 돈을 벌 때 이득을 보는 경우가 많거든요.

남성이 파트너 여성보다 높은 임금을 받을 때가 많으므로, 남성이 전업으로 일하고 여성이 시간제 근무를 하는 게 더 유리해요. 이런 현상은 '성별 임금격차'(131쪽 참조) 때문만이 아니에요. 국가도 가정에서 돌봄 노동이 불공평하게 분담되는 것을 지원합니다. 독일에서는 결혼한 부부 중에 한쪽이 다른 한쪽보다 수입이 훨씬 더 높으면 세금을 아주 많이 아낄 수 있거든요. 그래서 많은 여성들은 얼마 더 벌려고 가정과 일이라는 이중 부담의 스트레스를 견뎌야 하나 고민하게 되고, 일을 완전히 그만두기도 합니다.

이런 여성들은 큰 대가를 치러요. 집에 머물면 파트너에게 경제적으로 종속되기 때문이죠. 혹시 헤어지면 오랫동안 휴직한 후라서 다시 직업 세계에 발을 붙이기 어렵습니다. 면접에서 고용주는 언제나 여성에게 아이들은 어떻게 돌볼지 묻지만, 남성에게 이런 질문을 하는 경우는 드물지요.

시간제 근무를 하며 아이를 키웠던 여성도 직업 세계에서 더는 계속 발전하기 어렵다는 경험을 합니다. 흥미로운 업무와 승진은 전업으로 일하고 초과 근무할 때 시계를 안 보는 사람들이 차지하기 때문이에요. 돌봐야 할 아이가 있는 사람은 이렇게 일하기 힘들 때가 많죠. 또 엄마들은 시간제 근무의 덫에 빠지는 일도 흔합니다. 언젠가는 다시 하루 종일 일하기를 원하지만, 엄마들의 그런 소망을 들어주는 회사를 만나기는 쉽지 않죠.

도대체 페미니즘이 뭐야?

아이를 혼자 키우는 남녀는 특히 더 힘든 상황에 처해 있어요. 혼자 가족을 돌보는 양육자 열 명 중 아홉 명은 엄마입니다. 이들에게 일과 가정의 조화는 두 배로 힘들 뿐 아니라, 경제적으로 어려울 때도 많아요. 여성이 남성에 비해 돈을 적게 벌기 때문이죠. 싱글맘들은 일을 해야 하지만, 많은 수가 직업이 없습니다. 이들 대부분은 일을 하고 싶어 하는데도 말이에요.

이렇듯 엄마가 되는 기본 조건을 갖추기는 어렵습니다. 사회는 출산을 여성이 가진 인생의 꿈으로 간주해 버려요. 그리고 출산을 하고 나면 여성들에게 인생의 꿈을 이루었으니 뒤따르는 상황을 다 받아들이라고 하죠. 가정에서 가사노동 분담이 동등하게 이뤄지지 않거나, 출근하는 동안 아이를 맡길 곳이 마땅치 않은 상황 같은 것들 말이에요.

3부
페미니즘에 대한
오해와 진실

자칭 페미니즘이지만 사실은 아닌 것

◆

사실 누구나 페미니즘을 좋아할 필요는 없다.
그러면 페미니즘은 보수적이고 우파적인 내용들이
담길 껍데기로 전락할 위험에 처하지 않는다.

카트린 고트살크, 페미니즘 잡지 《미시 매거진》의 전 편집장

페미니스트는 어떻게 화장할까요? 화장품 기업 로레알은 어떤 스타일링으로 가부장제를 무너뜨릴지 조언했습니다. 어두운 초록색 아이섀도, 아주 반듯하게 가른 중간 가르마와 가지런히 빗질한 눈썹. 2018년 6월, 로레알은 독일의 인기 가수 레나 마이어 란드루트를 등장시켜 이른바 '페미니스트 선언 차림새 Statement Look Feminist'를 광고하는 튜토리얼(지침서) 영상을 발표했습니다. 메이크업 전문가가 '페미니스트'라는 이름이 붙은 아이섀도 팔레

트로 란드루트에게 화장을 해 주었죠.

"강렬한 색인데도 아주 자연스러운 색조를 띠어요."

란드루트가 열광합니다.

이 제품과 이 스타일링에서 뭐가 페미니즘인지는 수수께끼입니다. 많은 이들이 화장 튜토리얼을 비판하자, 로레알은 영상을 삭제했습니다. 아이섀도 팔레트에 이런 이름이 붙은 이유는 알 만하죠. 점점 더 많은 회사들이 지금 '페미니스트'라는 상표로 장사가 잘 된다는 사실을 깨닫습니다. 많은 여성들이 페미니즘에 관심이 있음을 인식하고 마케팅 전략을 이 시대정신에 맞추는 거죠.

페미니즘 마케팅 전략

특히 패션 기업들이 페미니즘 목소리를 내는 일이 흔합니다. 패스트패션 브랜드인 에이치엔엠은 페미니즘 표어가 적힌 티셔츠와 모자와 팬티를 판매해요. 상의 하나에 550유로(약 70만 원)를 지불할 돈이 있는 사람은 프랑스 브랜드 디오르에서 "우리는 모두 페미니스트가 되어야 합니다."라고 쓰인 흰 티셔츠를 살 수 있습니다. 2015년에 스웨덴 브랜드 아크네는 소비자를 '젠더 평등' 또는 '급진적 페미니스트'의 옹호자로 만드는 남성 스웨터를 내놓았습니다.

페미니즘을 내세우며 소비자에게 말을 거는 또 하나의 전략은 광고를 통해서도 이루어집니다. 이를 '페미니즘Feminism'과 '광고Advertising'의 합성어인 '펨버타이징Femvertising'이라고 부르지요. 광고에 페미니즘을 반영하는 것을 뜻해요. 자동차 회사 아우디는 장난감 자동차 경주에서 여자아이가 남자아이들을 제치고 달리는 광고를 했습니다. 여기서 아빠는 딸의 능력이 나중에 남성의 능력과 똑같이 중요한 평가를 받을지 궁금해하죠. 딸이 언젠가 아우디에서 일한다면 그렇게 될 거라는 것이 광고가 전하려는 내용이에요. 이 자동차 기업은 동일 노동이면 동일 임금을 지급하는 원칙을 지킨다는 거죠.

화장품이나 세제뿐 아니라, 다른 분야의 구매도 대부분 여성들이 결정합니다. 여성이 남성보다 새 자동차나 새 컴퓨터를 더 자주 골라요. 그러므로 기업가들에게는 여성을 목표로 광고하는 것이 경제적이지요. 이런 펨버타이징 광고는 SNS에서 무척 자주 공유됩니다. 이 현상은 기업들에게 특히 유리해요. 잠재적 여성 고객들을 만날 수 있고, 이 잠재 고객들에게 현대적이고 여성 친화적인 기업 이미지를 내세우며 자신들의 상품을 광고할 수 있기 때문이죠.

그 덕분에 광고에 여성이 섹시한 장식품이나 청소하는 요정으로만 등장하지 않으니 페미니즘 관점에서는 환영할 만한 일입니다.(72쪽 참조) 페미니즘 구호가 쓰여 있는 옷도 원칙적으로는 이상할 게 없어요. 그러나 최근에 페미니즘 빛깔을 칠한 많은 기업들이 모두 성평등적인 것은 아닙니다. 로레알과 아우디의 임원직은 남성들이 많이 차지해요. 로레알은 임원진 가운데 3분의 1만 여성이고, 아우디 임원진은 남성뿐이죠.

특히 에이치엔엠과 같은 패스트패션 기업은 여성 직원을 무척 가혹하게 다뤄요. 개발도상국의 직물 공장에서 일하는 여성 재봉사들 대부분은 아주 낮은 시급을 받습니다. 또 인권 단체들의 조사 결과에 따르면 에이치엔엠 하청업체에서 일하는 직물 공장 노동자들이 매일 성폭력의 위험에 처하며, 임신한 재봉사들은 해고되는 일이 흔하다고 하죠. 2013년에 1100명 이상이 사망한 방글라데시 라나 플라자의 공장 건물 붕괴 사고가 있고 나서, 에이치엔엠은 안전기준 개선을 약속했어요. 하지만 2년 반이 지난 후에도 여전히 방글라데시 하청업체 대부분은 안전한 비상구조차 갖추지 못했지요. 페미니즘 표어가 적힌 티셔츠 바느질은 목숨이 걸린 직업인 거죠.

엘리트 중심 페미니즘은 누구에게 이로울까?

직물 공장 여성 노동자들의 예는 페미니즘이 그저 마케팅 전략으로만 쓰인다면 텅 빈 표어로 전락할 수 있음을 보여 줍니다. 이럴 때 '페미니즘'이라는 상표는 이윤을 얻는 데에만 이용되어요. 여전히 아주 많은 여성들은 열악한 노동환경에서 일을 하죠. 이른바 '포스트 페미니즘'도 이와 비슷합니다. 포스트 페미니즘은 더 이상 페미니즘이 필요하지 않다는 관점이에요. 사회적으로 불평등한 규범 자체를 의심하는 게 아니라, 자본주의 특성이 강한 남성들의 세계에 순응하는 거죠.

포스트 페미니즘의 간판 인물은 페이스북 최고운영책임자인 셰릴 샌드버그입니다. 샌드버그는 2013년에 저서 《린 인》을 출간했어요. 여성들에게 사회적으로 성공할 수 있다고 용기는 주는 게 샌드버그의 목표였죠. 샌드버그는 여성들에게 일에 달려들라고, 초과근무를 하라고, 네트워크에 충실하라고, 파트너에게 지원을 받으라고, 그러면 웃으면서 경력의 사다리를 올라가 최고 임원이 될 수 있다고 조언했습니다.

셰릴 샌드버그 방식의 페미니즘에는 문제가 있어요. 그중 하나는, 일에 얼마나 달려드는가에 관계없이 최고 임원이 될 조건이 전혀 갖춰져 있지 않은 여성들도 많다는 점입니다. 혼자 아이를 키우는 엄마는 지원을 받을 파트너가 없어요. 히잡을 쓴 이슬람 여성은 직장을 구할 때부터 이미 차별당할 때가 흔하고요. 미용사와 보육교사, 판매원은 낮은 시급으로 가까스로 생계를 꾸리려면 어차피 일에 달려들어야 하죠. 아무리 그래도 대기업 꼭대기에 이르지는 못할 것입니다.

"포스트 페미니즘의 논리는 패자가 아니라 승자 중심이다."

문화 이론가 앤절라 맥로비는 이렇게 비판했습니다. 포스트

도대체 페미니즘이 뭐야?

페미니즘은 무엇보다도 소수 엘리트 그룹의 여성들, 대부분 대학 교육을 받은 중상류층 백인 여성들을 위한 것이에요.

이렇듯 좁은 관점은 대중매체에 등장하는 페미니즘 논쟁에서도 일부 드러납니다. 이런 논쟁은 비교적 부유한 여성들에 대한 차별을 자주 다루지요. 할리우드 여성 배우들이 남성 배우들에 비해 훨씬 적게 번다는 건 물론 부당하지만, 어쨌든 이들도 수백만 달러의 출연료를 받아요. 여성 할당제가 여성이 유리 천장을 뚫는 데 도움을 주긴 합니다. 그러나 이미 경력의 사다리를 아주 많이 올라간, 지극히 소수의 여성에게만 도움이 되죠. 페미니즘을 진지하게 생각하는 사람이라면 부유한 여성들의 문제에만 관심을 두어서는 안 됩니다.

인종차별은 어떻게 페미니즘으로 변장할까?

'#미투'와 같은 해시태그는 여성들이 매일 마주하는 성폭력에 대해 광범위한 사회적 논쟁을 불러일으켰습니다.(113쪽 참조) 그런데 뒤늦은 이 논쟁을 자신의 목적에 이용하려는 세력이 있어요. 극우파는 이미 오래전부터 페미니즘을 가로채려고 시도했지요.

2018년 초, 독일에서는 '120데시벨' 유튜브 동영상이 주목을 끌었습니다. 이 영상에서는 우울한 피아노 음악을 배경으로, 젊은 여성들이 학대와 강간과 살해 이야기를 해요.

"나는 독일 칸델에서 칼에 찔렸어요, 스웨덴 말뫼에서 강간당했어요, 네덜란드 로테르담에서 학대를 당하고, 스웨덴 스톡홀름에서 차에 치였어요."

젊은 여성들이 카메라 앞에서 실제로 당한 폭력에 대해 이야기했습니다. 열거한 사건들은 피의자가 난민이거나 이주민 남성이라는 공통점이 있었지요. 동영상에 등장한 여성들은 오늘날 유럽 여성은 난민들의 공격 때문에 두려움 속에서 살고 있다고 했어요.

"여러분이 지켜 주지 않아서, 여러분이 우리 국경을 지키는 걸 거부해서 우리는 안전하지 않아요. 누가 이곳으로 들어오는지 통제하는 걸 거부해서, 범죄자를 추방하는 걸 거부해서."

이 여성들은 "이제 곧 원시적이고 여성에게 적대적인 젊은 남성들이 다수인 사회"에 직면할 거라는 두려움도 이야기했습니다.

여성 호신용 알람이 120데시벨인 데서 착안한 '120데시벨'은 캠페인이 되었습니다. 그런데 이처럼 난민 반대를 부추기고, 인종차별을 약간 품위 있게 포장하기 위해 여성 인권을 도구로 사용하는 것은 새롭다거나 이상한 현상이 아닙니다. 독일의 '독일을 위한 대안^{AfD}' 정당도 똑같은 방법으로 외국인들의 이주와 난민 수용에 반대하는 분위기를 만들려고 해요. 이들은 언제나 '우리 여성들의 두려움'을 이야기합니다. '우리'라는 의미심장한

시린 에바디(1947년~)

이란 법조인 시린 에바디는 고국에서 인권과 성평등을 위해 싸웠습니다. 이란에서 이 두 가지를 둘러싼 상황은 좋지 않아요. 국가는 사람들을 고문하고, 법원은 채찍질과 신체 절단, 또 사형 판결도 내리지요. 여성은 공공장소에서 몸을 가려야 하고, 남편이나 아버지의 허락 없이는 국외로 나갈 수도 없습니다. 에바디는 1974년에 이란 최초로 여성 판사로 임명되지만, 1979년 이슬람 혁명으로 여성의 사회적 상황이 악화되자 판사직에서 해임돼요. 인권을 위한 노력을 인정받아 2003년에 이슬람 여성으로서는 최초로 노벨 평화상을 받았습니다. 2009년부터는 런던에서 망명 생활을 하고 있어요.

말에서 남성은 여성을 자신의 소유물이라고 믿는다는 사실을 깨달을 수 있어요. 또한 이 표현은 자신의 소유가 아닌 다른 여성들의 두려움에는 아무 관심도 없음을 보여 줍니다.

대부분의 페미니스트들은 '120데시벨' 캠페인과는 뚜렷하게 거리를 둬요. 성차별뿐 아니라, 인종차별과 반이슬람에 단호하게 반대하기 때문이죠. 이런 캠페인은 모든 성범죄가 이주민들에 의해 발생한다는 듯이 주장해요. 독일 여권을 지닌 백인 강간범은 없다는 듯이요.

대응 전략: 교차성 페미니즘

티셔츠나 자동차 마케팅 전략인 페미니즘, 부유한 여성들의 문제에만 관심을 기울이는 페미니즘, 인종차별을 품위 있게 포장하려는 페미니즘. 이 모든 예는 '페미니즘'이라는 상표가 붙어도 그 뒤에서 무엇이 성평등이나 여성해방이라는 이름으로 팔리고 있는지 의심해 봐야 한다는 사실을 알려 줍니다.

더 정확하게 알고 싶으면 페미니즘을 늘 교차적으로 생각하

도대체 페미니즘이 뭐야?

교차성 페미니즘

서로 다른 차별이 중복해 있다는
'교차성'을 생각한다!

는 것이 도움이 돼요. 약간 다루기 어려운 개념인 '교차성'은 한 사람 안에 서로 다른 차별 형태가 중복하여 존재한다는 뜻이에요. 페미니즘을 교차적으로 생각한다는 것의 의미는 다음과 같아요.

첫째, 사람이 성별뿐 아니라 피부색이나 나이, 출신이나 국적, 성적 지향이나 종교와 같은 다양한 이유로 불이익을 당한다는 사실을 깨닫는 것입니다.

둘째, 누군가는 여러 가지 차별을 동시에 당한다는 것을 인식하는 것입니다. 이렇게 거듭 겹쳐진 차별은 또 다른 차별 경험을 만듭니다.

구체적인 예를 들어 볼까요. 모두 여성이라고 해도, 미국에 사는 백인 학자는 방글라데시에서 일하는 직물 공장 노동자나 시리아 난민과는 전혀 다른 문제를 지니고 있어요. 페미니즘은 이 모든 여성이 자유롭고 동등한 권리를 누리며 살도록 투쟁한다는 뜻이죠.

페미니즘, 남자들에게도 유리할까?

◆

사회적 독립과 성평등 없이는 인류의 해방도 없다.

아우구스트 베벨, 독일의 사회주의 정치가

2014년 9월, 영화배우 엠마 왓슨은 유엔 연설에서 남성들에게 페미니즘에 동참하라고 촉구했습니다.

"우리는 젠더 불평등을 끝내고자 합니다. 그러려면 모든 이가 참여해야 합니다."

엠마 왓슨의 연설은 '히포시HeForShe' 캠페인의 발단이 되었어요. 이 캠페인은 남성들이 성평등에 참여하도록 이끄는 운동이죠. 그다음 해에 왓슨은 한 인터뷰에서, 유엔 연설을 하기 전에 '페미니즘'이라는 용어를 사용하지 말라고, 그 단어는 '누군가를 소외됐다고 느끼게 만든다'는 조언을 받았다고 밝혔습니다. 그러나 왓슨은 이 조언을 귓등으로 흘렸어요. 연설을 하면서 '페미니스트'와 '페미니즘'을 여섯 번 말했죠.

모든 성별이 성평등을 위해 싸우는 것은 무척 바람직한 일입니다. 모든 사람이 성별에 상관없이 동등한 권리와 가능성과 자유를 누리는 것은 우리 모두에게 중요해요. 페미니즘은 여성이 남성과 싸운다는 뜻이 아닙니다. 페미니스트는 성차별과 고정되고 답답한 성 역할이 없는 사회를 위해 노력하는 사람들이에요.

페미니즘 운동에서 남성 후원자는 이미 오래전부터 있었어요. 1848년 여름, 미국 세니커폴스에서 첫 번째 여성권리회의가 열렸습니다. 회의 마지막에는 여성에 대한 남성의 모든 통치권을 거부하는 선언이 발표됐어요. 이 '소신 선언Declaration of Rights and Sentiments'에 100명이 서명했는데, 68명은 여성이고 32명은 남성이었지요.

도대체 페미니즘이 뭐야?

모든 성별의 해방을 약속하는 페미니즘

페미니즘은 여성뿐 아니라 모든 성별의 해방을 약속합니다. 이 말은 우리 사회에서 여성적이라고 간주되는 모든 것이 남성에게 금기시되지 않는다는 뜻이에요. 페미니즘은 남성들이 보육 교사나 분만실 간병인이 되고 싶다고 해도 이상하게 생각하지 않는 세상, 경력에 불리한 결정을 해도 괜찮은 세상을 열어 줍니다. 아무 걱정 없이 매니큐어를 칠하고, 연애 고민이 있거나 시험에 떨어졌을 때 자기감정을 드러내도 되는 세상이죠.

여성적인 것이 뭐든지 평가 절하되는 세상에서 남성은 끊임없이 자신의 남성성을 증명해야 합니다. 남성적인 역할에서 어긋난 행동을 하면 자동적으로 경멸당하죠.

그래서 지금까지 성 역할은 한쪽보다 다른 한쪽으로 더 강하게 열려 왔어요. 오늘날 사회에서는 여자아이들이 바지를 입고 장난감 소방차를 가지고 놀아도, 다시 말해서 남성적인 규범에 따라도 아무 문제를 느끼지 않습니다. 그러나 남자아이가 치마를 입고 발레 수업에 간다면 이야기가 달라지죠.

성평등 세상을 꿈꾸는 남성들을 위한 특별 조언

여러분이 남성으로서 성평등 세상을 위한 일에 참여하고 싶다면 4부에 그 길을 열어 두었어요. 여기서는 몇 가지 특별 조언을 드릴게요.

남성이 좀 더 유리한 상황임을 인식해요

여러분은 남성으로서 여성에 비해 특권을 누립니다. 이 말은 여러분이 걱정 없는 삶을 산다거나 실패하지 않는다는 뜻이 아니에요. 성별 덕분에 구조적으로 불이익을 당하지 않는 것이 여러분의 특권이죠. 미용실에 가면, 여러분과 머리카락 길이가 똑같은 여성보다 적은 비용을 내죠. 여러 명과 섹스를 한다고 해도 창녀나 매춘부라는 욕을 먹지 않아요. 금방 임신부가 될 거라는 이유로 채용에서 밀리는 일이 없습니다.

누군가를 구조적인 불이익에서 지켜 주는 사회적인 특권에는 성별 말고 다른 요소도 있어요. 이성애자인 시스 남성이며 장애인이 아니라면, 부모님이 대학 공부를 했고 여러분이 경제적인 어려움 없이 성장했다면, 이 모든 것은 여러분의 삶을 좀 더 편하게 해 줍니다. 이 특권을 인식하고, 더 힘든 사람들을 위해 연대해 봐요.

여성의 말에 귀를 기울여요

여성은 성별 때문에 여러분이 겪지 않는, 어쩌면 여러분은 있는지도 모르는 특정한 경험들을 합니다. 그러니 살짝 물러나서 그들에게 귀를 기울여요. 여자 친구나 여자 형제나 엄마뿐 아니라, 휠체어에 앉아 있는 같은 반 여학생이나 페미니즘 시위에서 만난 트랜스 여성의 말을 들어 봐요. 그들이 성차별에 대해 이야기하면 자동적으로 방어하는 태도를 취하지 마세요. 여러분 개인이 공격받은 게 아니니까요. 그들의 경험을 진지하게 받아들여요. 그들이 그 상황을 잘못 받아들인 거라고 설명하지 말아요. '맨스플레인menasplain'이라는 용어가 괜히 있는 게 아니에요. 이용어는 남성이 여성에게 세상을 설명하려는 성향을 뜻하죠. 어떤 주제를 이야기할 때, 듣고 있는 여성이 오히려 더 잘 아는데도요.

다른 남성에게 해명을 요구해요

다른 남성이 여성 적대적인 태도를 보이는 걸 목격하면 참견해요. 같은 팀 선수가 남성 우월적인 허풍을 떨면 인사치레로 웃지 말고, 그에게 왜 잘못됐는지 확실하게 말해요. 여러분과 가장 친한 친구가 파티에서 관심도 보이지 않는 어떤 여자아이를 귀찮게 군다면 말려 주세요. 속으로만 욕한다면 성차별은 사라지지 않고, 오히려 다른 사람들이 계속 성차별적인 태도를 보이게 만들 겁니다.

남성들의 성평등 인식을 깨우는 12가지 질문

• 갑자기 수영할 기회가 생겼는데, 제모를 하지 않았다면 포기할 건가요?	☐ 예 ☐ 아니오
• 다른 사람들을 의식해서 매일 아침 머리카락을 손질하게 되나요?	☐ 예 ☐ 아니오
• 다른 사람들이 여러분의 체중에 대해 뭐라고 말한 말한 적이 있나요?	☐ 예 ☐ 아니오
• 다이어트를 한 적이 있거나 해야겠다고 고민한 적이 있나요?	☐ 예 ☐ 아니오
• 밤에 인적이 없는 거리를 걸어 집으로 돌아올 때면 무서운가요?	☐ 예 ☐ 아니오
• 안전하게 집에 도착했다면 곧장 친구들에게 잘 도착했다고 메시지를 보내나요?	☐ 예 ☐ 아니오
• 조심해야 한다고, 스스로를 보호해야 한다고 교육받은 적이 있나요?	☐ 예 ☐ 아니오
• 부당한 일에 불만을 표현했을 때, '신경질적'이라거나 '새침하다'는 말을 들은 적이 있나요?	☐ 예 ☐ 아니오
• 뭔가 말할 때, 여성들이 자주 끼어드나요?	☐ 예 ☐ 아니오
• 예쁘다거나 귀여워 보인다고 칭찬을 받나요?	☐ 예 ☐ 아니오
• 너무 못생겨서 아무도 섹스 할 마음이 없을 거라는 말을 들은 적 있나요?	☐ 예 ☐ 아니오
• 귀찮게 계속 들이대는 여성을 떼어 내려고, 여자친구가 있다는 거짓말을 해 봤나요?	☐ 예 ☐ 아니오

☐ 예가 몇 개 나왔나요?
이 숫자가 적으면 적을수록 남성인 여러분이 더 유리한 상황임을 보여 줍니다!

역풍: 안티 페미니즘

남성 제국을 향한 여성의 침투 위험이 커질수록 위협받는 이들은
더욱 격렬하게 저항한다.

헤드비히 돔, 『안티 페미니스트들』에서

대중매체 비평가 아니타 사키시안은 유치한 여성 등장인물이
나타나는 컴퓨터게임에 화가 났습니다. 영화 「비탄에 빠진 소녀
Damsel in distress」처럼 남성 영웅이 늘 구해 주는 순진한 여성 캐릭터
에 분노한 거예요. 사키시안은 이 진부한 여성 등장인물에게서
거슬리는 온갖 것들을 세 편짜리 시리즈 영상으로 만들어, 자신
의 유튜브 채널 '페미니스트 프리퀀시'에 올렸습니다. 사키시안
은 게임뿐 아니라 영화와 드라마와 도서 등 대중문화에서 드러

나는 성차별과 성별에 관한 진부한 생각을 다뤄요. 수백만 명이 이 영상을 보았죠.

컴퓨터게임에 대한 사키시안의 페미니즘적 비판은 추종자들의 관심뿐 아니라 증오 캠페인도 불러일으켰어요. 사키시안은 강간과 살해 협박을 받았고, 그의 위키피디아 항목에는 포르노 사진들이 올라왔으며, 영상이 유튜브에 올라가지 못하게 막으려는 시도도 있었지요. 웹사이트가 공격당하고, 집 주소가 공개되기도 했어요. 게다가 어떤 사람은 사키시안을 마구 때리는 게 유일한 목적인 게임도 만들었습니다.

2012년 여름부터 위협과 증오와 경멸이 사키시안을 항상 따라다닙니다. 안티 페미니스트들은 이런 방식으로 사키시안에게 겁을 주고 입을 다물게 하려고 해요. 페미니스트 작가인 로리 페니의 상황도 사키시안과 비슷해요. 페니는 몇 년 전에 트위터로 익명의 위협을 받았어요. "우린 네 집을 폭파할 것이다."라면서 날짜와 시간까지 예고했죠. 페니는 이틀 동안 예전 남자 친구 집에 숨어 지냈습니다.

페미니즘 발언을 하는 사람들은 익명의 증오 메시지만 각오해야 하는 게 아닙니다. 점점 더 의식적으로 행동하는 안티 페미니스트들은 페미니즘의 요구와 업적에 대항하여 근본적으로 투쟁할 것을 목표로 삼고 있어요. 페미니스트들의 이른바 오류를 지극히 자의적으로 증명하는 안티 페미니즘 활동가들을 유튜브에 공개하고, 유명한 페미니스트에게 피해를 주려고 이들에 관한 위키피디아 항목을 고쳐 쓰며, 독자적인 온라인 백과사전을 만들기도 해요. 이렇게 안티 페미니스트들은 아니타 사키시안과 로리 페니가 겪은 것처럼 공격을 벌입니다.

말랄라 유사프자이(1997년~)

말랄라 유사프자이가 열 살이 되었을 때, 고향 파키스탄 스와트 밸리는 급진적 이슬람 세력인 탈레반의 수중에 들어갔습니다. 탈레반은 새로운 나라를 건설하려고 했고, 여자아이들에게 학교교육과 음악 감상 외에 여러 가지를 금지했어요. 말랄라는 영국 비비시 방송국의 홈페이지에 가명으로 일기를 연재했어요. 탈레반이 사람들을 어떻게 억압하는지 알렸지요. 그렇게 유명해지면서 여자아이들의 교육받을 권리를 위해 공개적으로 나섰습니다. 그래서 적이 생겼지요. 2012년에 탈레반 병사 한 명이 말랄라의 얼굴을 총으로 쐈습니다. 말랄라는 이 암살 시도에서 살아남았지만, 그때 이후로 가족과 함께 영국에서 망명 생활을 하게 되었어요. 2014년에 17세의 나이로 노벨 평화상을 받았습니다.

여성 권리에 반대하는 여성들

안티 페미니즘은 페미니즘이 처음 생겨났을 때부터 존재했습니다. 영국에서 여성의 참정권을 위해 투쟁한 운동가들도 증오의 메시지를 받았어요. 이때는 단지 종이에 쓴 메시지일 뿐이었지만요. 심한 경우에는 썩은 달걀과 생선을 맞았고요. 남성뿐 아니라 여성들도 여성 참정권 운동가들에게 반대했어요. 당시에는 여성 참정권에 반대하는 단체가 많았죠. 그들 가운데 하나인 '여성 참정권 반대를 위한 전국 연합National League for Opposing Woman Suffrage'의 의장은 "여성들이 여성운동을 파괴해야 합니다."라고 주장했습니다.

여성들이 여성의 참정권에 반대하는 일이 왜 일어났을까요? 이상하게 들릴지 모르지만, 남성들이 지배하는 사회에서는 충분히 이해할 만한 일이에요. 그런 사회에서 여성은 스스로를 남성과 동일시하고, 남성의 견해와 권리를 자신의 것보다 중요하게 생각하도록 양육되는 일이 흔하니까요. 엄격하게 가부장적인 교육이 성공하면, 여성들은 그런 세계상이 옳다고 받아들이고 스스로를 억압받게 내버려 둡니다. 당시에 영국에서도 그랬어요.

남성과 자신을 동일시하는 여성들.

남성 지배 사회에서 가부장적인
교육이 빚은 아이러니!

'젠더'에 반대하는 안티 페미니스트들

오늘날 안티 페미니즘은 세 가지 중요한 점을 이야기합니다.

첫째, 세상에는 남성과 여성만 존재한다. 다른 모든 것은 '젠더 이데올로기'에 불과하다.

둘째, 남성과 여성은 원래 본질적으로 다르고, 서로 다른 사회적 임무가 있다. 그러므로 페미니즘에 의해 재교육되어서는 안 된다.

셋째, 여성 할당제는 전적으로 잘못된 정책이다. 게다가 이 할당제는 남성에게 불이익을 주므로 성차별적이다.

여기에 더하여, 오늘날 안티 페미니즘은 '젠더'라는 자극적인 단어와 관계가 있는 모든 것을 증오합니다. 특히 '젠더학Gender Studies'은 아주 심하게 거부해요. 젠더학은 남성성과 여성성이 단순히 생물학적 조건이 아니라, 문화적으로 얼마나 영향을 받는지 연구하는 학문이죠. '젠더'라는 학문이 생겨났다는 것은 성별에 관한 사회적인 생각이 더 열리고 유연해진다는 것을 의미해요. 그래서 안티 페미니즘은 젠더학을 그저 이데올로기만 생산하고 세금만 낭비하는 비과학적인 과목이라고 비난합니다.

또한 안티 페미니스트들은 학교에서 다양한 삶과 사랑의 형태에 대해 교육하는 것을 거부합니다. 수업을 통해 동성애자나 트랜스젠더에 대해 알게 되면 아이들이 '성에 일찍 눈을 뜨게 된다'는 주장이죠. 이런 말 뒤에는 레즈비언과 게이, 양성애자와 트랜스젠더 등의 성소수자들을 향한 적대감과 성적 다양성에 대한 거부가 숨어 있어요.

최근 몇 년 동안 페미니즘이 강해졌지만, 이와 동시에 안티 페미니즘의 목소리 또한 더 커졌어요. 평등한 사회를 중요하게 생각하는 사람들은 이런 현상을 걱정하지요. 게다가 전 세계적으로 막강한 힘이 있는 남성들이 여성 적대적인 목소리를 내니 더욱 걱정입니다. 2018년에 교황 프란치스코는 낙태를 청부 살인에 비유했어요. 2016년에 공개된 녹취에서 미국 대통령 도널드 트럼프는 자기가 스타여서 여자들 다리 사이를 움켜쥘 수 있고, 그래도 여자들은 가만히 있다고 말했고요. 그럼에도 그가 미국 대통령에 선출됐다는 사실은 지극히 여성 적대적인 발언을 해도 경력에 타격을 입지 않음을 보여 줍니다. 오히려 트럼프 대통령과 프란치스코 교황은 바로 그런 발언들 때문에 자신을 지지하는 사람들이 충분히 많다고 안심할 테죠.

4부
페미니즘적으로
행동하기

페미니스트가 되는 첫걸음

◆

미래는 오로지 우리 모두가 매일 뭘 하는가에 달려 있다.
운동은 사람들이 움직여야만 일어난다.

글로리아 스타이넘, 페미니스트 작가

여러분은 이 책을 읽고 어쩌면 분노를 느낄지도 몰라요. 성별
이나 다른 요인으로 차별을 받지 않고, 불이익을 두려워하지 않
아도 되는 평등한 사회가 오려면 얼마나 멀었나에 대한 분노죠.
여성들은 분노하면 안 된다는 교육을 받을 때가 많습니다. 그런
데 분노는 중요한 감정이에요. 어떤 일에 적극적으로 참여하게
만들지요. 그런데 뭘 어떻게 해야 할까요?

자의식을 가져요

많은 페미니스트들은 처음에 자신을 페미니스트라고 표현하는 데 어려움을 느낍니다. 페미니즘에는 여전히 이미지 문제가 있기 때문이에요. 중요한 것은 용어의 문제가 아닌데도 그렇죠. 용기를 내어 공개적으로 자신이 페미니스트라고 인정하세요. 그러면 아마 다른 사람들도 용기를 낼 거예요. 다른 사람들과 페미니즘에 대해 토론할 기회가 생길 테고요.

페미니즘에 대해 이야기하세요

페미니즘 추종자뿐 아니라, 페미니즘이 도대체 뭔지 모르겠다는 사람들과도 이야기를 나누세요. 반나체 여성이 드릴을 광고하는 포스터, 성별 임금격차에 관한 새로운 수치 등 토론의 계기가 될 만한 것은 언제든지 찾을 수 있습니다. 누군가 어떤 트랜스 여성이 원래 남성이었다고 말하면, 이 일에 대해 어떻게 생각하는지 다른 사람들에게 말해 봐요. 토론에 참여하기 위해 페미니즘에 관한 모든 것을 알 필요는 없어요. 약간 바보 같은 말을 해도 괜찮고요. 토론을 하면서 원래 가지고 있던 생각이 바뀔 수 있어요. 타인을 설득하려고 토론하기도 하지만, 배우기 위해서도 토론하는 것입니다. 누군가 페미니즘에 대해 이상한 선입견을 이야기한다면, '페미니즘 커닝 페이퍼'(192쪽 참조)를 펼치세요. 여러분에게 도움을 줄 수 있을 거예요.

여러분의 페미니즘을 발견하세요

페미니즘에 관한 여러분의 지식을 넓히세요. 기회는 아주 많아요. 페미니즘 블로그와 책과 잡지를 읽고, 페미니즘 팟캐스트를 듣거나 동영상을 보세요. 여러분에게 특히 중요한 페미니즘 관심사가 있어서 그것에 동참하거나 더 많이 알고 싶다고요? 정보를 수집하고 다른 사람들과 정보를 교환하며 자신의 페미니즘이 어디 서 있는지 찾아보세요.

성차별을 하지 말아요

우리는 성차별적인 사회에 살고 있고, 이런 현상은 우리 모두에게 흔적을 남깁니다. 그러니 여러분 자신이 성차별적인 생각이나 행동을 하지 않는지 조심하세요. 가슴이 깊게 파인 옷을 입은 여성에게 '싸 보인다'거나 '창녀 같다'고 말한 적이 있나요? 남성이 10미터 높이의 다이빙대에서 뛰어내리지 못하면 남자답지 않다고 생각하나요?

다른 사람들과 연대하세요

혼자 싸우면 절망에 빠지기도 합니다. 함께하면 더 많은 것을 이룰 수 있어요. 여러분과 생각이 같은 사람들을 찾으세요. 그러면 서로 도울 수 있을 뿐 아니라 다양한 관점도 배우게 됩니다. 히잡을 쓴 이슬람 페미니스트, 시골에 사는 레즈비언 페미니스트, 물리학과에서 유일한 여성으로 공부하는 페미니스트는 일상생활에서 서로 전혀 다른 경험을 하니까요.

도대체 페미니즘이 뭐야?

시위하세요

페미니스트들은 전통적으로 매년 세계 여성의 날인 3월 8일에 시위를 합니다. 이날은 활동가들 사회에서 '여성 투쟁의 날'로 불리기도 해요. 이 외에도 성평등을 위해 거리로 나설 계기는 당연히 많습니다. 예를 들어 인터넷으로 시위할 수도 있어요. 페미니즘 성격의 해시태그를 시작하거나 페미니즘 관점의 비판글을 써서 블로그에 올려도 되지요. 시위는 사람들의 이목을 끕니다. 이 사회가 부당하다고 속으로만 생각한다면 아무것도 변화시킬 수 없어요.

페미니즘 커닝 페이퍼:
선입견에 반박하는 방법

페미니스트들이 늘 듣게 되는 특정한 말이 있습니다. 말문이 막힐 정도로 아주 멍청하고 틀린 말들이에요. 반박하고 싶다면 다음의 커닝 페이퍼를 이용해 봐요.

그런데 경험을 돌이켜 보면, 아무리 논리적으로 반박해도 이해하려고 하지 않는 사람들이 있어요. 그들과 토론하는 게 가치가 있는 일인지는 여러분 스스로 판단하세요. 시간이 아깝다고 느낄 수도 있죠. 그런 생각도 옳아요!

페미니스트들은 남자를 증오해.
그런데도 아주 많은 페미니스트들이 남자와
연애를 하거나 친구로 지내다니, 참 이상하네.

페미니스트들은 남자에 반대하는 게 아니라 가부장제에
반대하는 거야. 그들이 증오하는 건 남성과 여성이
우리 사회에서 똑같은 대우를 받지 못한다는 점이지.

페미니즘은 남자를 차별해.

페미니즘은 아무도 차별받지 않게 하려고 싸우는 거야.
그 사람의 성별이 뭐든 상관없어.

여성 할당제는 남자를 차별하잖아!

아니야. 여성 할당제는 여성들이 처한 구조적인 불이익을
해소하는 것뿐이야. 남성 임원진이 여성보다는 남성들이
승진하는 걸 원했기 때문에, 자격이 있는 여성들도
과거에는 승진하지 못했어. 아 참, 그리고
여성 할당제의 원래 명칭은 성별 할당제야.
남성들이 적은 분야에서는 남성 수치도 조정하니까.

우린 이미 오래전부터 성평등 사회에 살고 있어.

서류에 쓰인 평등한 권리만으로는 부족해. 여성이
성폭력을 두려워하고, 직장에서는 유리 천장에 부딪히고,
정치와 사회 분야에서 중요한 직위에 오르는 경우가
드물고, 남자보다 적은 임금을 받고, 도달할 수 없는
미의 기준을 요구받는 한 페미니즘이 필요해.

생물학적으로만 보면 남자와 여자는 확실히 서로 달라.

생물학에서 성별은 스펙트럼이라는 게 증명됐어. 성차에
대한 대부분의 연구 결과, 여성과 남성이 얼마나 유사한지
밝혀졌지. 누군가 기술을 잘 아는 것 또는 신발 쇼핑을
좋아하는 것에 자궁이나 음경이 도대체 무슨 상관이 있지?

여성 페미니스트들이 다리 면도를 하지 않는 거, 구역질 나.

정말 구역질 나는 일은 누군가를 외모로 경멸하는 거야.
어떤 여성이 다리 면도를 하든 하지 않든 그건 오로지
그 사람 마음에 달려 있어. 화장을 할지, 하이힐을 신을지
아니면 트래킹 샌들을 신을지도 마찬가지고. 페미니스트들은
매끈한 종아리에 반대하는 게 아니라, 여성들은 다리를
면도'해야 한다'는 사회적 규범에 반대하는 거야.

도대체 페미니즘이 뭐야?

하지만 다른 어떤 페미니스트 말로는…….

페미니즘에서 모든 사람이 같은 의견인 건 아니야.
다른 사회운동이나 정당도 상황은 똑같아.
어떤 페미니스트의 말에 나는 다른 의견을
가지고 있다거나 그 말이 틀렸다고 생각하더라도,
그건 내가 이제 더는 페미니스트가 아니라는 뜻은 아니야.
또 페미니즘의 정당성에 해가 되는 일도 아니야.

나도 여자지만, 불이익을 당한 적은 한 번도 없어.

그건 좋은 일이구나. 하지만 모든 일이 언제나
너 자신을 중심으로 돌아가는 건 아니야.
많은 여성이 너와는 다른 경험을 해. 종업원으로 일하면서
손님들에게 성희롱을 당하거나, 배가 드러나는 상의를
입기에는 너무 뚱뚱하다는 말을 듣기도 해.
또는 고용주가 남성 지원자보다 여성 지원자를
덜 신뢰하거나 금방 임신을 할지 모른다고 생각해서
일을 주지 않기도 하지. 아이를 키우거나 가족을 돌보느라
시간제 근무를 했기 때문에 나이 들어서 연금을
아주 적게 받는 여성들도 많아. 우리 사회가 이런 상황을
바꾸려고 노력해야 하지 않겠어?

해제
지금 한국에 왜 페미니즘이 필요할까?

김미향

《한겨레》에서 10대와 여성 인권 취재를 많이 했습니다. 「한발 앞선 '학교 안 미투'는 왜 번지지 못했을까요」, 「청소년의 성에 대한 무지함은 왜 칭찬받나요?」 등의 기사를 썼습니다. 「18살 고교실습생은 왜 죽음으로 내몰렸나」로 327회 이달의 기자상, 7회 인권 보도상을 받았습니다.

지난해 노르웨이에서 온 여성 의사를 인터뷰한 적이 있습니다. 페미니즘 의학 서적을 만들어 잘못 통용된 의학 지식을 전 세계에 알린 분이었는데요. 그분 말씀을 들어 보니 북유럽 선진국에서도 여성들의 삶은 쉽지 않다고 합니다. 노르웨이 여성들도 취업에서 번번이 차별당하고, 승진할 때 유리 천장을 경험하는가 하면, 배 속의 아이를 감별해 여아면 낙태하는 일이 수십 년 전까지 이어졌을 정도라네요. 서양과 동양, 아시아와 유럽을 가릴 것 없이 여성이 받는 불이익이 얼마나 공고한지 느꼈던 경험이었습니다.

저자 율리아네 프리세는 이 책에서 '지금도 페미니즘이 필요할까?'란 질문을 던지고 있습니다. 그가 예로 든 독일의 이야기는 놀랍게도 우리와 닮아 있어요. 출산과 육아를 선뜻 선택하기 어려운 저출생 사회, 아이를 낳아 기르는 일이 직장에서의 경력과 병행하기 힘든 환경, 예쁜 외모와 얌전한 행동 등 여성에게 요구되는 각종 굴레……. 비단 우리나라만의 이야기가 아니었습니다.

하지만 유럽에 비해 한국 상황은 더욱 심각합니다. 남존여비 사상으로 대표되는 유교 문화권의 오랜 영향 탓에 한국은 여성의 경제·사회적 지위가 유독 낮기 때문이죠. 성평등에 관한 지표만 보더라도 우리나라는 국제 평균치에서 한참 뒤떨어집니다. 유리 천장 지수라는 게 있는데요. 이 지수는 성별 경제활동 참가율, 성별 임금격차, 여성 고위 관리직 비율 등을 따져 해당 국가의 성평등 수준을 가늠하는 기준입니다. 한국은 3년 연속 조사 대상국 29개국 중 29위로 최하위예요.

2016년 5월, 서울 강남구 지하철 2호선 강남역 주변 한 건물 공용 화장실에서 무고한 20대 여성이 남성에게 살해당했습니다. 특별한 이유 없이 20대 여성을 겨눠 희생시킨 이 사건을 사람들은 '여성 혐오'로 인한 페미사이드(여성 살해)라 불렀어요. 대규모 여성들이 추모 시위에 나왔고, 사회적으로 뜨거운 공분이 일었지요.

이 사건을 계기로 우리나라에서 여성 인권에 대한 사회적 관심이 높아졌고 페미니즘을 반영한 대중문화 작품들이 늘어났습니다. 2016년 10월에 나온 소설 『82년생 김지영』은 베스트셀러가 됐어요. 주인공인 1982년에 태어난 평범한 30대 여성 김지영 씨는 가정에서, 또 직장에서 생애주기별로 불이익을 경험하며 살아가는데요. 남자아이가 아니라는 이유로 교육 기회에서 차별받고, 회사에서는 남성 직원에 비해 낮은 임금을 받고 승진 기회도 적었지요. 결혼 후에는 일자리를 잃고 육아에 전념해야만 했고요. 고된 육아에 잠시 커피라도 마시려 하면 이웃들은 직장에 나가지 않는 김 씨에게 사회에 대한 기여가 적다고 '맘충'이라며 손가락질했습니다. 이 30대 여성이 겪은 일상은 많은 이들의 공감을 불러일으켰고 영화로도 만들어졌어요.

단지 소설 속 이야기를 넘어 정부에서 발표하는 자료만 봐도 오늘날 한국 여성의 삶이 어떤지 알 수 있습니다. 여전히 우리나라 여성들은 남성에 비해 취업 기회가 적고, 낮은 임금을 받으며, 승진에서도 차별받아요. 여성의 고용률(50.9퍼센트)은 남성의 고용률(70.8퍼센트)에 비해 약 20퍼센트 낮고, 경제활동을 하는 여성의 월평균 임금은 245만 원으로 남성 356만 원에 비해 100만 원 이상 낮은 68.8퍼센트 수준이지요. 공공기관이나 민간기업에서 여성이 관리자인 곳은 20퍼센트뿐입니다.(출처: '2019년 통계로 보는 한국 여성의 삶') 지금 한국에서 왜 페미니즘이 필요한지 잘 알 수 있는 자료예요.

치열했던 한국의 '미투' 운동

2000년대 초 저의 고교 시절 국어 선생님은 수업 중에 "여성들이 야한 옷을 입으면 성폭행당하기 쉽다."고 설명했습니다. 어떤 문학작품을 설명하다 성폭력 이야기가 나오자, 노출이 심한 옷을 입어 남성의 성욕을 자극하지 말고 여성들이 알아서 조심해야 한다고 했어요. 저는 왜인지 이 말이 틀린 것 같아 수업 중에 손을 들고 선생님한테 말했습니다.

"야한 옷과 성폭행은 별 관련이 없는 것 같아요."

선생님은 왜 관련이 없는지를 설명해 보라고 했지요. 지식이 없었던 저는 "왠지 관련이 없는 것 같다." 하고는 선생님 말씀이 왜 그릇된 논리인지 설명하지 못했습니다.

이 책 『도대체 페미니즘이 뭐야?』를 과거의 제가 읽었더라면 '왜 범죄의 책임을 피해자에게 넘겨야 하죠?'라고 반문했을 거예요. 범죄가 발생하지 않으려면 가해자가 범죄 행위를 하지 않는 것이 우선입니다. 범죄 예방을 하려면 피해자가 아닌 가해자의 행동을 제한해야 하고요. 하지만 우리 사회는 성범죄가 일어났을 때 피해자에게 '너, 그때 어떤 옷을 입고 있었어?'라고 물으며 범죄의 책임을 넘깁니다. 앞으로 피해자가 될 가능성을 걱정하며 여학생들에게 옷차림을 조심하라는 교육까지 이뤄지지요.

한국 사회는 2017년 말 터져 나온 '미투' 운동으로 새 국면을 맞이했어요. 2016년부터 시작된 '#○○계 성폭력'과 같은 고발 운동이 2017년 미국 영화계에서 시작된 전 세계적 '미투' 운동에 힘입어 더욱 커졌습니다. 정치권에서, 법조계에서, 문화예술계와 스포츠계까지 여성들이 공개적으로 자신의 성폭력 피해를 연이어 말한 경험은 성범죄가 더이상 피해자 잘못이 아니며 가해자 처벌이 필요한 '범죄'임을 사회에 인식시켰지요. 고은 시인의 성추행을 시로 폭로한 최영미 시인, 검찰 상사가 성

2018년 8월 18일, 서울역사박물관 앞에서 열린 '제5차 성차별·성폭력 끝장 집회.

2018년 11월 10일, 서울 종로에서 열린 '#미투, 세상을 부수는 말들' 퍼포먼스.

추행하고 인사 불이익을 준 사건을 폭로한 서지현 검사, 안희
정 전 충남지사의 수행 비서로 일하며 겪었던 성폭력을 고발
한 김지은 씨 등 수많은 여성 인사들이 동시다발적으로 '미투'
운동에 참여했습니다. 2년 여 간 사회 각계각층에서 터져 나온
'미투' 운동은 더 이상 가해자의 범행을 용인하지 않겠다는 강
력한 사회적 메시지를 심어 주었어요.

무엇보다 한국의 '미투' 운동에서는 10대들의 공로가 컸습니
다. 청소년이 주도한 '스쿨 미투'는 학교에 만연해 있던 교사 성
폭력을 몰아내는 데 큰 역할을 했어요. 여학생들에게 몸가짐을
조심하라고 가르치면서 정작 자신들은 말로, 손으로 번번이 학
생들을 성희롱·성추행 해 왔던 교사들이 있었습니다. 이들
은 학생들에 의해 교단에서 내려와야 했지요.

교사들의 성추행을 고발한 학생들의 대규모 움직임은 2016년
서울 서문여중고, 예일디자인고, 2017년 경기 안양예고 등 여
러 곳에서 있었습니다. 그중에서도 2018년 서울 용화여고는 '창
문 미투'란 이름으로 전교생이 함께 참여하면서 '스쿨 미투'의 상
징이 됐어요. 2018년 3월 용화여고 졸업생들의 폭로로 대규모 교

사 성폭력이 드러났고, 재학생들은 졸업생들의 폭로에 지지와 연대 문구를 교실 창문에 붙였지요. 자유롭게 이동할 수 없었던 학생들이 창문을 통해 '미투' 운동에 함께 한 것을 두고 사람들은 뜨거운 응원을 보냈습니다.

'미투' 운동은 전 세계적 현상이지만 특히 한국의 '미투' 운동은 피해자가 방송에 나와 얼굴을 공개하며 자신의 직을 걸고 말해야 겨우 설득력을 얻었다는 점에서 더욱 가혹하다고 평가받

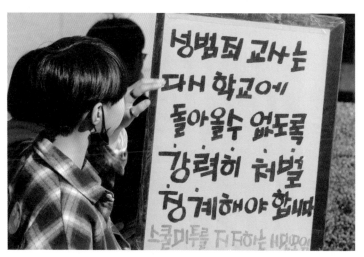

2018년 11월, 청소년 페미니즘 모임, 전국청소년행동연대 날다, 촛불청소년인권법제정연대가 참여한 '스쿨 미투' 집회.

습니다. 더군다나 '불쌍해 보여야 한다', '순수해야 한다' 같은 피해자다움을 요구하며 성폭력 피해자의 자격을 묻고 따지는 사회적 분위기는 여전히 우리 사회가 해결해야 할 과제예요.

'영 페미'들의 안전을 갈망하는 목소리

우리나라 여성운동의 역사는 약 100여 년의 흐름을 주축으로 합니다. 일제강점기 독립운동을 했던 여성들의 움직임이 그 시작이었고, 1950년대 말부터 여성 인권 향상을 위한 단체가 조직됐어요. 1970년대 민주화 운동 과정에서 여성 노동자 인권 운동이 일었으며, 1990년경부터 구체적인 입법이 성과를 보기 시작했고요. 1988년 남녀고용평등법 제정, 1993년 성폭력특별법 제정, 1997년 가정폭력방지법 제정, 2000년 여성부 출범, 2005년 호주제 폐지 등이 연이은 성과입니다. 2000년대 들어 맞벌이 가정의 일과 가정 양립 문제가 주요 화두로 이어지다, 2016년 강남역 살인 사건을 기폭제로 한국의 페미니즘은 제2의 부흥기를 맞이합니다.

이 시기를 '페미니즘 리부트 시대'(제2의 부흥기)라고 부르는데, 이때 '영페미(젊은 나이의 페미니스트)', '넷페미(온라인을 토

'강남역 살인 사건' 4주기를 맞은 2020년 5월 17일, 강남역 10번 출구 앞에 피해자를 추모하는 메시지가 붙어 있다.

대로 활동하는 페미니스트)'라 불리는 10대와 20대 젊은 여성 이 큰 역할을 했어요. 2018년 5월, 서울 혜화역 주변에서 젊 은 여성들이 모여 불법 촬영 범죄를 적극 수사하라고 요구하는 시위를 벌였어요. 영페미와 넷페미들이 주축이 되었죠. 7개월 간 여섯 번 이어지며 최대 6만여 명이 모인 이 시위에서 젊은 여 성들은 "우리들의 일상은 포르노가 아니다.", "여성이 아닌 사람 으로 살고 싶다."라며 디지털 범죄의 심각성에 목소리를 높였습 니다.

2018년 5월, 서울 혜화역에서 열린 시위. 불법 촬영 범죄의 공정한 수사와 해결책 마련을 촉구하고 있다.

　'미투' 운동으로 한국 사회에 성범죄에 대한 경각심이 높아졌다고는 하지만, 무고한 여성들이 여전히 광범위한 성범죄에 노출되어 있습니다. 최근 일어난 'n번방 사건'을 봐도 성범죄는 과거 정형화된 틀을 벗어나 다양한 모습으로 변하고 있고, 여성 안전을 위해 더 많은 사회적 노력이 필요함을 알 수 있어요.

　최근 수년간 이어진 젊은 여성들의 대규모 집회와 시위는 낙태죄 폐지라는 가시적인 성과를 이끌기도 했습니다. 2019년 4월 헌법재판소는 형법상 낙태죄가 여성의 건강권, 성적 자기결정

　도대체 페미니즘이 뭐야?

권, 평등권 등 헌법에 보장된 한 인간의 기본권을 과하게 침해한다며 그 위헌성을 인정했어요. 폐지 운동 66년만에 이뤄낸 성과이지요.

고민거리를 계속 던져 주는 페미니즘 이슈들

한국의 페미니즘 이슈는 빠르게 변화하고 있습니다. 새로운 생각할 거리가 계속 나타나지요. 페미니즘으로 인해 여성의 사회 진출 기회가 늘어난 것이 곧 자신들의 기회 축소라 여기는 젊은 남성들의 '백래시(사회 변화에 대한 반발)'도 새로운 사회현상으로 떠올랐어요. 20대 남성들을 중심으로 한 반페미니즘 운동은 남성 중심 온라인 커뮤니티 등을 근거지로 하며 남성 역차별 등을 주장하고 있습니다. 이들의 주장은 여성 전체를 향한 비난으로 이어지며 우리 사회의 또 하나의 갈등 요인이 되고 있어요.

'페미니즘 리부트' 이후 수년이 지난 지금, 한국 사회에서 페미니즘을 둘러싼 이슈는 더욱 복잡다단해지고 있습니다. 최근에는 페미니즘 내에도 여러 주장이 혼재하는데, 일부 극단적 주장은 또 다른 차별을 만들기도 했어요. 지난 2월, 숙명여대에 트랜스젠더 여성이 입학할 예정임이 알려지자, 학교에는 찬성 대자보와 반대 대자보가 동시에 내걸렸습니다. 반대 대자보의 내용은 생물학적 여성만 여대에 입학할 수 있고 성전환 수술을 한 트랜스젠더 여성은 생물학적 여성들의 안전을 위협할 것이라는 논리였어요. 입학 반대 여론이 거세자 결국 트랜스젠더 여성은 스스로 입학을 포기했습니다. 이를 두고 페미니즘 내의 일부 급진적 주장(래디컬 페미니즘)이 성소수자를 차별로 내

2020년 2월, 숙명여대 게시판에 트랜스젠더 여성의 입학을 환영하는 대자보(왼쪽)와 반대하는 대자보(오른쪽)가 나란히 붙어 있다.

도대체 페미니즘이 뭐야?

몰았다는 비판도 있었지요.

이 책에서 저자는 "페미니즘을 늘 교차적으로 생각하는 것이 도움이 된다."고 조언합니다. 한 명의 개인 안에는 성별뿐만 아니라 나라, 인종, 나이, 지역, 종교, 경제사회적 계층 등 다양한 소속 집단이 교차해요. 사회에는 다양한 배경의 구성원이 있고 각자 경험하는 차별의 색깔도 다르지요. 그렇기 때문에 차별 반대를 위한 행동이 또 다른 차별을 만들지는 않는지 항상 고민해야 합니다.

최근에는 페미니즘을 오해하고 부정적으로 인식하는 사람들이 하나둘 생겨나면서, 페미니즘을 공부하는 10대들의 고민이 많아졌습니다. 예를 들면, '남자 친구에게 내가 페미니스트라고 말해도 될까?', '페미니즘은 남자는 파란색, 여자는 분홍색으로 나누지 말라고 하는데 난 분홍색이 좋은데 어떻게 하지?', '남동생에게 더 큰 닭 다리를 뜯어 주는 엄마에게 잘못됐다고 말하지 못한 나는 못난 것일까?' 등 일상의 고민들 말이죠.

이런 의문에 대해 미국 작가 록산 게이는 저서 『나쁜 페미니스트』에서 말했습니다.

"페미니스트가 되는 옳고 그른 방법은 없다. 핑크색을 좋아하고 드레스를 사랑해도 페미니스트가 될 수 있다. 문제는 여성이 겪고 있는 불편한 문제에 대해 알고 있는가, 그것이 중요하다."

페미니즘이라는 높은 기준을 세워 놓고, 그 기준에 도달하지 못하면 틀렸다고 몰아붙일 필요는 없다는 거죠. 수많은 규칙을 요구하는 페미니즘만이 정답이 아니라는 뜻입니다. 페미니즘을 너무 무겁게 여기지 않아도 돼요. 지금 한국의 모든 분야에서 성평등이 중요하다는 사실만 잊지 않으면 될 거예요.

지금 10대들이 살아갈 세상은 지금보다 더 변화무쌍할 겁니다. 청소년들은 기성세대보다 세상을 보는 시야를 더 넓혀야 해요. 『도대체 페미니즘이 뭐야?』는 교과서에서는 잘 다루지 않지만 지금 한국 사회를 이해할 수 있는 핵심 이슈를 잘 설명해 줍니다. 이 책은 시사 이슈에 관심을 가진 청소년이 페미니즘이라는 주제에 대해 논리적으로 말하고 쓸 수 있도록 도와줄 것입니다.

〈참고문헌〉

• 2019년 한국의 성평등보고서(한국여성정책연구원)

• 2019 통계로 보는 여성의 삶 보도자료(통계청, 여성가족부)

• 국가법령정보센터

• 한국과 일본의 미투, 그 특징과 과제(23차 젠더와 입법포럼)

• 한국여성운동의 과거, 현재, 미래(《문화과학》 제49호)

• 페미니즘의 재부상, 그 경로와 특징들(《경제와사회》 제118호)

• 여성 총리 배출한 한국 여성운동 역사는?(《연합뉴스》)

• 『나쁜 페미니스트』(록산 게이)

* 사진 제공

21쪽 ⓒProf.lumacorno 출처 : 위키피디아 28, 33쪽 출처 : 위키피디아 36쪽 ⓒRandall Studio 출처 : 위키피디아
37쪽 출처 : 위키피디아 43쪽 ⓒEric Huybrechts 출처 : 위키피디아 45쪽 ⓒ연합뉴스 59, 70쪽 출처 : 위키피디아
106쪽 ⓒK. Kendall 출처: 위키피디아 132, 142쪽 출처: 위키피디아 165쪽 ⓒBengt Oberger 출처 : 위키피디아
179쪽 ⓒDFID 출처 : 위키피디아 201, 203, 205, 206, 208쪽 ⓒ연합뉴스

#1◎대■ 위한 ■로벌 사회 탐구

도대체 페미니즘이 뭐야?

1판 1쇄 찍음   2020년 7월 14일
1판 1쇄 펴냄   2020년 7월 21일

지은이 율리아네 프리세
옮긴이 전은경
그린이 우다민
해 제 김미향
펴낸이 박상희
편 집 김솔미, 전지선
디자인 이현숙

펴낸곳 (주)비룡소
출판등록 1994년 3월 17일 제16-849호
주소 06027 서울시 강남구 도산대로1길 62 강남출판문화센터 4층
전화 영업 02)515-2000 편집 02)3443-4318,9 팩스 02)515-2007
홈페이지 www.bir.co.kr
제품명 어린이용 반양장 도서
제조자명 (주)비룡소
제조국명 대한민국
사용연령 3세 이상

ISBN 978-89-491-5299-8 44330 / 978-89-491-5296-7 (세트)

이 도서의 국립중앙도서관 출판시도서목록(CIP)은 서지정보유통지원시스템 홈페이지(http://seoji.nl.go.kr)와
국가자료공동목록시스템(http://www.nl.go.kr/kolisnet)에서 이용하실 수 있습니다.
(CIP제어번호 : CIP2020028215)